散戶煉金術 創富無難度

李錦榮 著

「滿招損 謙受益」

—— 父親給我的紙條

我要感謝我的家人、朋友和同事對我多年的大力支持,特別是我的父親、我的哥哥,最重要的是全心全意愛護及照顧我們所有家庭事務的太太雅欣,令我在過去30年中,可以專心發展個人事業,以及許多充滿激情的項目。

我也想把這本書送給我的兒子毅笙,希望他能謙虛地學習及發展自己的財富管理技能,實現追求夢想和抱負所需的財務自由,和對家庭及社會的責任。

最後,我要感謝《信報》的郭艷明及李海潮給予我極大鼓勵、專業建議,還有絕對的支持,願意成為我第一本書的出版夥伴。此外,編輯吳家儀及蔡廷暉助我完成筆錄、數據蒐集和編輯的工作,才能令《李財有導》順利面世。

推薦序

當 Bruno（李錦榮）來找我替他的新書寫序，我不期然有點錯愕！以他今天在行內的頂尖級數，不是傳媒裏的專家所能媲美，怎會寫一本只着眼於本土市場的理財書籍？「回報」肯定是蝕本的了！但看完他送過來的稿後，對他以理財教育為己任的那份熱誠，又不期然有點動容！

坊間教理財的書，多如繁星，莫說大多質素參差，即使是星級投資者所撰寫的，不但業餘散戶難以追隨，亦非大眾所需的「理財之道」！以 Bruno 在基金界深厚的資歷，《李財有導》內容權威性不容置疑，更難得他以深入淺出、輕鬆易讀的筆觸，道出理財「正確」的基本知識！如果你想找一本入門級的理財書籍，《李財有導》可說是不二之選！

梁兆基

香港總商會總裁、前滙豐銀行行政總裁顧問

推薦序

這是本務實的投資理財工具書，也是溫馨感人的自傳，更是具有世界宏觀的財經導讀手冊。作者用簡明的方式，闡述基本的投資法則；用圖表介紹，列舉理財規劃的策略；用耳熟能詳的金融產品，引導讀者體驗投資的經驗。

在追求投資理財成效之際，作者誠摯地提醒讀者，務必及早規劃退休事宜，非常有別於一般投資理財書籍。

全球籠罩在疫情極端不確定因素之下，撲面而來的遙距網上工作形態，既有的職場環境及財務收入，必將發生重大轉折。面對未來的挑戰，這本書應是最好的護身符。

吳均龐

台灣遠東銀行董事

致伸科技獨立董事

自序

在銅鑼灣希慎道擁擠的銀行分行大廳，是我1990年接受培訓計劃後，第一份客戶服務專員職務工作的地方，周圍是一排排客戶，我的辦公桌旁排着長隊，客人等待着開設銀行賬戶、申請樓宇按揭，或要求提供最新的外幣滙率或定期存款利率，很少有客戶要求獲得基金投資的相關資訊。

一天，在我前面坐着一位60多歲的叔叔，他一頭銀髮、獨自一人，請我們提供一些理財產品的資料，以幫助他獲得更多的潛在回報，支持日常開支。我花了一點時間看了他的「紅簿仔」（儲蓄賬戶簿），發現他只有低六位數的儲蓄，根據當時的利率，他每月僅能獲得數百元的利息收入，如果這位客人沒有其他資產或物業，這些存款是他和家人的全部依靠，退休後的生活將是漫長且艱辛。當時我對這位叔叔的情況感到無助，如果他能早點明白到一些投資原理，或及早培養理財習慣，結果會怎樣呢？當時，我強烈地感到自己需要更加了解財富管理，幫助人們及早籌劃財務自由。

從那以後的30年財富管理生涯中，我有幸在一些環球知名的資產管理公司、銀行和保險集團工作，足跡遍及香港、美國、台灣和其他亞太區市場，並從同事、業務合作夥伴和客戶中學到了很多知識。更重要的是，我經歷了多次經濟和投資市場的波動周期，包括1997

年亞洲金融風暴、2000年科網泡沫爆破、2001年911恐怖襲擊、2003年沙士、2008年金融海嘯，以及2020年爆發的新型冠狀病毒（COVID-19）疫情。

對於熟悉市場運作的投資者來說，有些經濟周期有跡可尋，但亦有不少突發危機令人措手不及。看似簡單的一句「低買高賣」投資定律，要落實其實談何容易！每次經濟及投資周期起跌，無論根本原因是什麼，會帶來哪些挑戰和機遇，重要的是要了解、制定和實行個人財富管理計劃，以及當中的關鍵要素。

本書將分為五個章節，分享我對這些關鍵的看法，其中涵蓋：經濟與投資市場之間的關係；常見財富管理工具的原理及運用策略；理財顧問和個人在理財決策中的角色及責任；制定以目標為本的財富管理的注意事項及步驟；資產分配和重整的重要性和方法。

我知道有些讀者可能認為大部分理財投資書籍的技術性都太強，感到難以理解，又或者覺得市面上已有眾多選擇，未必需要再多一本；但是，希望大家知道我在大學和財富管理事業之前，曾擔任非金融背景的酒店服務員和時裝設計師。因此，我將盡力使用簡單、有趣而非技術性語言，再配合生動的例子和故事來說明竅訣。

此外，本書還會提供一些有用清單，助你啟動個人的財富管理計劃。在撰寫本書過程中，我也有機會反思和重新審視過往的理財盲點，這些都是行為金融學主題下常見的投資者偏見，因此，在分享我的專業理財知識和經驗時，我也藉此重新學習！

最後，我希望提醒大家，理財策略既包括知識及能力，也涉及態度和行為。對於大部分人，了解理財策略固然重要，因為懂得理財就可以將辛辛苦苦賺取的收入，化為儲蓄好好運用，從而帶來更加理想的潛在回報，不過，要賺取本錢，首先要好好學習、努力工作、養成良好的理財習慣，投資在自己身上更為重要！

承蒙父親的教誨：「滿招損、謙受益」，這句話無論對做人及投資同樣合用。謝謝爸爸！

序

目錄

李財有導

引子

由酒店門僮
到基金公會主席之路

人生的道路往往曲折，成長於旺角煙廠街天台屋、葵涌石蔭邨公屋的我，是上世紀六十年代一個家境普通的小伙子，當過香港文華東方酒店的門僮、九龍香格里拉大酒店的接待員、時裝設計師學徒，甚至在著名髮型屋 Headquarters 做過「洗頭仔」，後來竟一步步攀上香港投資基金公會主席一職，既是因緣際會的結果，也是因為香港國際金融中心這片土地，孕育出的無限可能。

由年少無知到急起直追

投身金融界,並非我的兒時夢想。年少時我對前景茫無頭緒,整天只顧玩樂,無心向學,甚至曾經留級一年!學業成績欠佳,沒有升上高中便出來工作,曾跟隨本地時裝設計師林國輝當學徒。幾年過去,也許是人大了也玩夠了,開始感到自己的不足,便拿着儲蓄及家人的資助,一個人跑到冰天雪地的加拿大卡加利(Calgary)升學,先是入讀社區學院,再正式攻讀大學。當時正值八十年代,「九七大限」籠罩全城,也許是時勢使然,本來一心修讀藝術學校回港做個時裝設計師的我,毅然作了一個改變一生的重大決定──轉讀經濟學。

人生轉捩點──大人物的回信

為了追回失去的時光,我只花3年便讀畢本來4年的大學課程,其間寸步未有離開過加拿大,還未行畢業禮便急着回港找尋工作。那時,一位大人物的一封回信,可謂我人生的轉捩點,也令我正式踏進金融界。

這位大人物,便是當年的滙豐銀行主席浦偉士爵士(Sir William Purves)。話說當年我回港後積極應徵各大銀行職位,卻都無功而回,立志返港闖一番事業的我,心忖:既然未獲回覆,便親身到滙豐銀行的求職開放日碰運氣,總會有機會吧!對方卻表明只請櫃台文員,擁有大學學歷者並不適合。年少氣盛的我,一怒之下回到家裏寫了一封信寄予「大班」浦偉士,表示當其他人因政局而紛紛離港之際,自己反其道而行回港工作,何以未能得到一個機會?豈料浦

偉士真的回信解釋，過了不久，獅子銀行的人力資源部更聯絡我面試，最終於1990年正式加入滙豐，成為客戶服務實習生（類似現時的客戶關係經理，Relationship Manager）。為了感謝浦偉士爵士的提拔，當年的信件我仍保留至今。

滙豐大班的回信

HongkongBank
The Hongkong and Shanghai Banking Corporation Limited
1 Queen's Road Central, Hong Kong

W Purves
Chairman

Mr Bruno K W Lee

24 May 1990

Dear Mr Lee

Thank you for your letter of 18 May 1990 and for expressing your interest in joining us.

I have investigated your complaints, which were due on the face of it, to have arisen from some misunderstanding and communication failure.

It appears that your letter of 5 May arrived too late for you to undergo the necessary selection process for the next intake of graduates which was then in its final selection stage. It is true that at this time of year such graduates are normally from the local tertiary institutions, as they are available to commence training immediately. Our experience shows that overseas graduates do not normally return to Hong Kong until after the summer vacation period, and in this respect you are rather an exception. However the fact that you are an overseas graduate would not have precluded your selection, which was, as I have said, purely because your application was too late in arriving for that particular intake.

Turning now to the Recruitment Open Days, I should perhaps explain that we recruit on two levels, clerical and executive, and the selection process for each is obviously very different. Recruitment Open Days are purely aimed at recruiting clerical staff. We do not normally recruit university graduates for clerical posts, and I believe you were informed that you were over-qualified for those jobs. On the day in question we interviewed over five hundred applicants between 3pm and 7pm, which obviously meant that staff had no time to handle applicants who were better qualified for executive positions. While I note that you would be pleased to start in a clerical post before moving on to an executive position, it is not our current practice to follow this route.

.../2

GPO Box 64, Hong Kong
Telephone: 5-8221111 Telex: 73201 HKBG HX Telegrams: Hongbank Hongkong
Facsimile: (852)-5-8680244

-2-

I understand that the selection of the next group of graduates will begin shortly, and I hope that you will be hearing from us within the next ten days or so.

I hope this information enables you to understand our position a little better, and that you will accept our apologies for any misunderstanding which may have arisen. Please be assured that this Bank is interested in high quality candidates from all sources, and especially welcomes back students returning from overseas studies.

Yours sincerely

引子

17

危機當中 我們學到多少?

由九十年代初加入金融界至今30載,經歷了大大小小的風雨,由1997年金融風暴、2000年科網泡沫爆破、2001年911恐襲事件、2003年沙士、2008年金融海嘯到2020年席捲全球的新冠肺炎,見證着每一次散戶的大悲與大喜,既忘不了滿街股神的瘋狂牛市,還有雷曼迷債苦主的慘痛經歷。在每次高低起伏之間,究竟我們有沒有汲取當中的教訓?以下試舉數例給讀者參考。

1. 科網泡沫爆破——掌握時機

我在 2003 年底加入景順（Invesco）台灣成為當地的行政總裁，面對的第一件事便是如何處理旗下一隻價格跌了近八成的科技基金！

2000 年後科網泡沫爆破，納斯特指數由高位大跌超過七成，不少科技基金價格一瀉如注。當時我忙着收拾爛攤子，向客戶解釋情況及處理手法。若說世事如棋，則投資這回事更老是峰迴路轉。2000 年納指於 5000 點左右見頂，到 2021 年已升越 14000 點，投資者即使當年「摸頂」入市，累積回報也超過一倍。

教訓：投資前必先要做足功課，掌握時機。科技行業的概念並非海市蜃樓，只是當年概念走得太前。猶記得在 2000 年左右，美國電訊商 AT&T 的廣告如何營造了一個美好的科幻未來，包括人們利用視像進行會議，但不要忘記，當年互聯網速度仍然很慢！其時的科技股只是售賣一個尚未發生的夢想，到了後來網絡基建漸漸成熟，2G、3G 及 4G 技術相繼發展，再加上智能手機普及，熱潮時構建的幻想遲了十多年方能化為真實。

2. 911恐襲事件——居安思危

金融市場每隔三數年總會有一個或大或小的危機出現，問題是每次的觸發點並不一樣，1997年金融風暴是亞洲國家競爭力出現問題，2000年是科網行業泡沫吹得太大，2003年沙士是地區性疫情爆發。若要數最難忘的，一定是2001年的911事件，因為恐怖襲擊是突如其來、無跡可尋的，也不只涉及金融世界的數字升跌，而是實實在在釀成死傷、舉世震驚的慘劇。

記得911當日我剛由香港飛返台灣，在返回台北家途中收到同事電話，說有客機撞向紐約的世貿中心，我立即回應：「不要說笑了！」話未畢，同事隨即說：「又有另一架飛機撞了過去！」我們本來計劃在11月把一隻台灣增長基金推出市面，預計整個9月份都要路演（Roadshow），銀行簽約也進行得如火如荼，打算大展拳腳上架。911事件後，金融市場隨即大跌，投資者避險情緒也升至高峰，一時間人心惶惶，恐怕襲擊陸續有來，甚至有機會引發戰爭。

教訓：危機總是難以預測，我們這一代算是幸福，沒有經歷過世界大戰所帶來的大型財富毀滅。世事難料，新冠肺炎疫情在2020年席捲全球，又有誰能估算得到？但無論事件如何震撼，也總有完結的一天，而且不會所有公司都倒閉收場。每當出現極端市況，一般人的做法是盡量避險，或寧買當頭起，但以十多年的長線投資而言，趁市場大跌時逐步分段入市，往往會帶來不俗回報。

3. 長線必勝？——拒絕戀愛

在投資界，由下而上選股、長線買入並持有，是相當普遍的做法，因為在大部分市場，短期縱有波動，長線總是向上的。多年後，我發現這個說法也有商榷之處，有個別股票固然翻不了身（例如花旗銀行），即使是大市，也不一定會長線上揚，日本及泰國股市都是人盡皆知的例子。不只是散戶，連一些專業人士有時都拋不開價值投資的枷鎖。當年認識的一位基金經理，便表示因自己再也看不懂股市而決定黯然離場。

教訓：千萬不要跟股票談戀愛，無論是股票、基金或交易所買賣基金（ETF），我們都應該很清楚自己買入及繼續持有的理由，因為每項投資都有機會成本。有時壯士斷臂止蝕，反而柳暗花明，創造更好的機會。均值回歸並非不變道理，要視乎不同的個股、行業、地區有沒有翻身機會，審視股票的常見指標，將在本書第四章談及。

4. Buy what you know

投資傳奇人物彼得林治（Peter Lynch）有言：「投資你熟悉的東西。」

以往要實行這個投資法則比較容易，舉個例，只要細心留意，大家便會發現超級市場的貨品雖然琳瑯滿目，但大多來自聯合利華、雀巢、強生及寶潔那幾家巨頭。套用在變化快速及創新的科網行業，大家又應如何把握機遇？

我認為只要從生活出發，大家還是可以找到當中的關連性。世界上的投資選擇多如繁星，集中在自己熟悉的東西，明白當中的產品及服務優勢，除了做該公司的客戶，也可以研究一下，究竟是否值得做該公司的股東。

舉個例，如果每次iPhone推出新型號時都買蘋果股票，累積回報肯定高於購買iPhone的開支。又例如，很多香港人喜歡淘寶或者駕駛Tesla電動車，他們究竟有沒有想過買入相關股票？當然，這種投資方法未必次次都有理想回報，而且也要配合企業基本面分析，以及個人投資組合的配置。而如果研究過後仍不太肯定，也不一定要買入個股，可以考慮投資相關的行業ETF或基金來分散風險。

歸根究柢，股票或企業債券是什麼？一紙證券，不只是電腦上的一個數字，而是實實在在的一盤生意。能改變世界的企業天才萬中無一，既然自己做不來，就不妨透過投資成為該公司的股東或持債人，間接受惠當中的發展。

1

實體經濟
與金融市場

「投機者的主要利益在於預測和從市場波動中獲利。投資者的主要利益在於以合適的價格購買和持有合適的證券。」

—— 班傑明格拉罕 (Benjamin Graham)

很多人以為投資市場有升有跌,與賭博無異,但忽略了投資工具及發行機構在實體經濟層面所扮演的角色。不同的股票或債券,總會有好與不好的分別,投資者有機會賺錢,也有可能虧本。不容否認的是,資本市場在現今環球經濟系統中的角色不可或缺,因為資本市場能夠提供一個靈活的配對機會,讓有資金需求的政府、私人機構或個人借貸者得到所需的資金,從而創造就業、創新科技、提供生產及服務,同時為一些有盈餘的政府、私人機構及個人投資者提供資金出路,賺取收入或改善生活。

圖1.1　實體經濟前景左右金融市場走勢

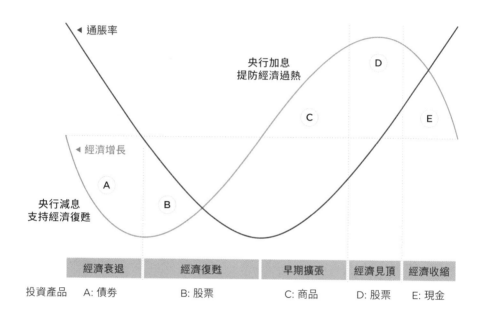

不同國家各具獨特的地理特徵和氣候、天然資源、文化和政治制度,形成了不同的相對競爭優勢,例如有些國家善於生產汽車,有些則以高科技出口為主。正因如此,不同國家及行業,在不同的經濟周期便會面對不一樣的投資機會及風險【圖1.1】。一般來說,政府會以適當的財政、貨幣和貿易政策,創造可持續的經濟增長及就業條件,從而提高公民的生活水平。

所以，在保障及增值財富之前，我們首先要了解經濟指標、政策與投資市場之間的關係【圖1.2】。如果你的投資決策經過仔細考慮，並且井井有條，那麼，投資便不再是投機和賭博，而是實實在在的財富管理。

圖1.2　宏觀經濟初階

國內生產總值

| 個人消費 | 政府支出 | 私人機構投資 | 出口 | 進口 | 國內生產總值 GDP |

外滙儲備成份

外滙儲備

經常賬戶
(貿易平衡)

資本賬戶
(金融交易)

調控經濟政策

政府政策

財政政策　　貨幣政策

稅收　公共支出　利率　貨幣供應

政策工具

關鍵宏觀經濟指標

失業率　　通脹　　工業生產　　零售銷售

經濟有形之手

所謂財政政策，簡單來說是指政府透過改變稅收項目或稅率，從而增加或減少公司稅後盈利，以及個人的消費或儲蓄能力。稅率愈高，政府在整個經濟體系的佔比便會愈大，私營公司及個人可以動用的資金便會愈少；反之，稅率愈低，政府角色便愈細，私人公司及個人消費的重要性也愈高。

值得注意的是，相對很多個人稅率達50％以上的地區，香港一向奉行低稅率政策，因而被視為稅務天堂，但因為適合興建房屋的土地有限，而政府財政預算又非常依賴賣地收入，加上供不應求及樓價高企，香港人在住屋相關的支出極高，很多人都把大部分積蓄及收入用作買樓、供樓、租樓之用，削弱了其他消費支出能力。

長者、失業人士、教育、醫療、交通及社會基建都需要靠政府的支出。當經濟蓬勃，賣地及稅務收入豐盛時，政府可以把盈餘撥為儲備，待經濟放緩之際有「彈藥」增加支出，與市民共渡難關。但是當政府財政入不敷支，便要透過發行債券來填補赤字缺口，而各國政府債務自有分別【表1.1】。

有些政府會針對不同行業實施不同的稅務政策，藉此扶助一些重點策略行業，甚至吸引相關專業技術人才。例如在2020年美國推出了一系列針對華為的晶片及科技禁運措施，作為反制措施，內地便展開了半導體行業稅務優惠及人才招攬計劃。

表1.1　各國政府債務情況

國家	政府債務總額 （億美元）	人均債務 （美元）	國債佔GDP比率 （%）
日本	129,356	102,861	256
美國	266,082	80,610	127
英國	28,102	41,885	104
德國	26,213	31,522	69
中國	98,381	7,006	67

資料來源：國際貨幣基金組織《世界經濟展望》；截至2021年4月

1.2

中央銀行的「印鈔機」

為了平衡通脹水平，同時取得經濟增長，作為最後貸款人的中央銀行，有權調整向銀行收取的利率（即所謂的貼現窗利率），從而達到減低借貸成本及刺激經濟的效果。但是當利率接近零，減無可減，中央銀行便要另找方法，例如媒體上經常談論美國聯儲局開「印鈔機」，特別是在1929年美國大蕭條及2008年金融海嘯之後。

所謂的印銀紙，其實是聯儲局增加貨幣供應，當中最有爭議性的莫過於在2009年實行的量化寬鬆（Quantitative Easing，QE）資產購買計劃。在QE計劃下，聯儲局向金融機構購買合資格的金融資產，數據顯示，聯儲局從金融機構購買了價值數萬億美元的金融證券，其中大部分是美國政府債券，目的是向經濟注入更多資金。

如果這麼簡單，為什麼政府還需要發行債券？聯儲局或其他中央銀行都可以無限量印錢嗎？究竟錢從何來？要明白這個問題，我們必須先了解貨幣供應對於金融市場、實體經濟、潛在通脹、國際貿易往來及外滙價格變化的影響。聯儲局在過往10年實行多輪QE，雖然暫未見通脹大升的跡象，但大幅增加貨幣供應，令「錢不再值錢」，難保有日會導致惡性通脹，甚至為將來的金融危機埋下伏線。

1.3

來又如風，離又如風

聯儲局瘋狂印錢的舉動，令美國金融機構有更多資金借給企業或個人使用，情況就好像在寒冬時火爐旁邊的暖風。這些金融機構把貸款利息降低，吸引貸款需求，借貸利息成本大降可以減低個人及公司的債務負擔，同時由於錢太便宜，也有投資者以槓桿方式來投資，希望賺取更高回報，結果是過去10年來股票、債券，甚至樓市都同步上揚。

對企業而言，更便宜的利息成本或會導致不必要的投資或生產，例如以槓桿形式收購競爭對手，希望藉此擴大市場份額，並在經濟復甦後賺取更多盈利。但當市場上有大量貸款無法償還時，便會造成金融危機。相反，當市場預期聯儲局開始收回資金（即所謂退市／縮表）的時候，便會造成反後果，刺激預期利率上升，增加借貸成本，繼而引發資產價格大幅波動甚至下跌，正好像在炎夏突如其來的颱風！

我們在報章上經常聽到中央銀行有通脹目標。這通脹目標是怎麼釐定的？跟經濟增長又有什麼關係呢？高通脹或通縮如何不利經濟呢？

因為每一個國家的潛在國民生產能力（包括：工作人口、機械設備使用率、原材料庫存量及開採能力）都有一定的限制。當達到全民

就業，國內產能又不足時，便要透過增加入口產品來滿足國內的需求，不然求過於供便會引致工資和物價上升。對於失業、退休人士、低收入或非技術性勞工來說，物價上升也代表開支增加，也較難累積儲蓄。

試想一下，如果你的家庭年收入是100萬元，且在10年後增加了100%，達到200萬元，假設總體物價水平保持不變，你可能會非常高興。不過，如果10年後的通脹率也是100%，你肯定會非常難過。因為，儘管你的名義收入增加了一倍，實際（即扣除通脹後）收入卻沒有增加，意味你的購買力和生活水平沒有得到改善。因此，在投資於任何長期理財產品之前，我們除了要考慮長期財務需求和潛在產品收益，了解名義收入與實際收入之間的差異也相當重要。

當大家預期物價會不斷攀升，便可能會提前搶購；當媒體廣泛報道採購熱潮，又會引致更多的恐慌性或投機性需求。相反，當大家預期經濟放緩、需求減少，價格將大幅下跌時（正如預期百貨公司每年一度的清貨大減價一樣），便會延遲消費，等到價格下調之後才購物。不管是什麼原因導致通縮的預期，民眾延遲消費及企業放慢投資、建廠、招聘員工，也會令經濟活動放緩甚乎進入衰退！所以，透過調節利率及貨幣政策來達到通脹目標，引領經濟長期而穩定地增長、並創造足夠的就業機會，正是中央銀行的重要任務。

一般而言，減息有機會刺激股票、債券價格上升；加息則有機會觸發股票、債券價格下跌。但我們要注意加息或減息的主因是什麼，不能一概而論或太早下定論。舉例說，在多次金融危機中，各國中央銀行都傾向以減息來預防經濟陷入衰退，這時候減息，正正是因

圖1.3 通脹、失業率與利率息息相關

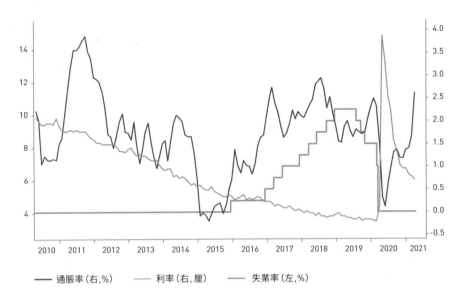

圖例：
—— 通脹率(右,%) —— 利率(右,厘) —— 失業率(左,%)

資料來源：彭博

為經濟下滑及公司營商環境轉壞，即使減息政策對投資市場帶來即時刺激作用，也可能只是中央銀行「印鈔機」的短期效應而已。投資者切記小心！

除了實際收入與名義收入的概念外，投資者還應注意滙率變動，因為這會影響你所持有海外資產，包括外幣存款、債券、股票及物業的價值。當年我在銀行工作時，許多客戶只關注於提供最高存款或外幣掛鈎結構性產品利率的外幣，卻沒有考慮外幣滙率變化的潛

在風險。實際上，由於外滙市場規模非常龐大，影響外幣供求的因素也相當複雜，包括政治、經濟、投資和投機因素等，對投資者來說，外幣滙率的短期變化可能對年度化收益有更大影響。

從長遠來看，經濟增長勢頭、通脹、利率，以及公司的盈利增長和定價能力，才是股票和債券價格的主要驅動力【圖1.3】。但除了受到這些經濟基本面左右之外，貨幣供應（流動性）也可能追逐風險較高的資產，從而影響資產價格的短期走勢【圖1.4】。

圖1.4　美國貨幣供應左右股市走勢與實際經濟

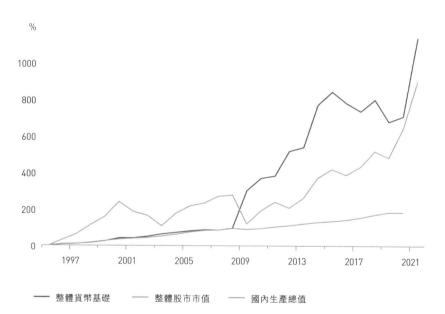

資料來源：FRED、Knoema，以1995年為基數（0%）

意識形態與財富的關係

現在你已知道了政府的財政政策和央行的貨幣政策，其實對我們的個人財富有極大影響。為了真正了解不同政策動機和行為，我們還需要對基本的經濟意識形態有初步的認識。

古典經濟學家 vs 凱恩斯主義經濟學家

古典經濟學家主張政府應盡量不干預市場，因為市場會自然地修正為均衡狀態，而且政策出台往往滯後，政府的干預措施只會弄巧反拙。如果民選政府官員冒險等待經濟自我調整，人們更會抱怨政府沒有作為。

相反，凱恩斯主義經濟學家認為，如果要漫長地等待市場調整自然出現，屆時所有人都可能已經餓死了（In the long run we are all dead），因此，當經濟出現衰退時，政府便須積極地增大支出，同時以減息來刺激經濟。

資本主義 vs 社會主義

在資本主義經濟體中，市場往往自行決定生產什麼、生產多少，以及何時生產，政府並沒有擔當什麼重要角色，因為當企業家發現市

場上出現產品（或服務）空缺並有利可圖時，便會積極填補真空。資本主義以自由市場經濟為基礎，指的是根據供求定律來分配商品和服務。舉個例，當某種產品的需求增加，其價格便會上漲，然後商家會提高產量來滿足需求，最終使價格回復平穩。

在這種環境，只有最強的競爭者才能生存下來，那些公司試圖出售最多商品來獲得最高利潤，同時保持較低成本。基於「利潤最大化」原則，公司可能會以自動化和高科技來替代工人，造成潛在的就業不足問題，又或者只給予最低工資，影響工人的長期收入，令他們難以改善生活。

另一邊廂，在社會主義經濟中，重要的經濟決策不會留給市場（公司或個人）決定。控制經濟大部分資源的政府，才能決定生產的方式、時間和數量。社會主義的擁護者認為，這種做法會使商品和服務的分配更加公平，從而達到更公平的社會。儘管集中計劃可以使生產資源的開發和重新分配（例如疫苗），以及一些具戰略意義的長期項目（例如高速鐵路）快速且有效地實施，但可能無法有效地開發更多產品，滿足多元化和快速變化的消費者需求。

理論歸理論，在現實世界中，任何國家都不太可能採用純粹的古典或凱恩斯主義方法，也難以實行純粹的資本主義或社會主義經濟體制。在財富管理決策的觀點而言，關鍵是要根據各個市場的獨特歷史、發展階段和當前情況，理解為什麼政府傾向採取這一套方法而非另一套。

1.5

無形之手

儘管政客總是試圖說服大眾,他們有宏大的計劃,可以解決住屋、就業等問題,從而為人們提供更好的生活,他們也嘗試使用權力來引導政府資源(實際上,這些資源主要是來自對今天的市民和未來的孩子徵稅)來實行政策目標。然而,除了政策的決策之外,影響經濟的因素眾多且複雜,包括了一系列內部和外部因素,而這些因素也會左右私營公司的業務決策,以及消費者的支出偏好。

簡言之,對公司管理層而言,當他們認為經濟將更暢旺,便會增聘人手;當他們預計未來經濟和業務可能放緩時,就會降低成本甚至裁員。對於個人消費者來說,在升職加薪,又或房屋和金融資產(例如股票、債券、外滙或黃金等)的價值增加時,可能會提高長期支出或短期消費(例如「換大屋」、購買名車、新手機或旅行),這就是經濟學家或金融分析師所說的「財富效應」。相反,當消費者擔心會失去工作,或面對經濟下滑甚至是潛在的戰爭風險時,便將減少或推遲花費(特別是在大宗商品、耐用品或非必需品上),導致一些公司的利潤下降或出現虧損,繼而拖累股價或債價。當這些行業的業務放緩時,管理層又會解僱更多人手以節省成本,形成惡性循環。

根據我的觀察,市場無形之手總會以某個形式存在,而任何自由市場也會出現一定程度的政府干預,但我們不應指望政府能隻手遮天。所以要準確預測經濟和投資市場,從來不是易事。

與世界接軌 是敵人也是朋友

不同國家/地區,在歷史、文化、資源、人口和技術方面各有競爭優勢,生產力和提供服務的能力、貿易、外國投資和資本流動又總有不同。我們應該了解的是,全球供應鏈是如此緊密地連繫在一起,結果是國家彼此之間既是競爭對手又是朋友。任何影響貿易和資本流動的重大政策變化,都可能對公司的股價、債價、價值鏈,甚至整個投資市場產生重大影響。

自我實現的「預言」

宏觀經濟和金融數據通常滯後,所以對於金融市場而言,對數據的預測,往往比已出爐的實際數據更加重要。

隨着互聯網和通訊技術的快速發展,金融訊息一下子便能傳遍各地市場,令資產價格更快作出反應。雖然數據一旦得到證實後,價格或會恢復到公允價值水平,但是當身處動盪時期,投資者可能基於情感或反射性決策而提前出售資產,最終招致損失,即使當資產價格反彈時也無法彌補。因此,投資者在過濾每天從不同來源收到的訊息時,需要格外小心,或與值得信賴、知識淵博、經驗豐富的理財或投資顧問討論。

萬有引力

不管政府如何印鈔來刺激經濟、不管外幣滙率走勢如何、不管企業創辦人有多大個人魅力、也不管新開發的技術如何改善我們的生活，說到底，支持公司股票和債券的價格總離不開以下的基本要素：政府創造就業機會、財富及累積淨資產的能力，以及公司創造利潤和保持盈利繼續增長的能力，否則上升的價格必然下跌。

因此，如果我們想好好保護和建立財富，就需要善用理性，而非依靠感性行事。

2

理財工具的運作

「複息是世界第八大奇蹟」 —— 愛恩斯坦（Albert Einstein）

2.1

為何要投資？

通脹的殺傷力

大家有沒有認真想過，為何我們要學懂投資？坊間不少投資書籍，都以教人在短期內資金翻幾倍、發大達為目的；可惜世界上能夠單純以投資而成為富豪的人寥寥可數，即使是我自己也未能做到。

要累積財富，便要先懂得投資。而在做任何投資之前，我們最先要學的是儲蓄。在上世紀八十年代，當我還是個文華酒店的門僮時，便懂得儲蓄的重要性。每個年代都有不同的消費引誘，現時大家喜歡網購、買手機，而當時的年輕人，有些喜歡喝酒，有些喜歡賭博。年輕的我除了間中上的士高，並沒有其他高消費習慣，可以將每月收入的三分之一儲起，並用來支持日後赴加拿大升學的費用。此後出來工作，我一直不改儲蓄習慣。

然而，儲蓄是不足夠的，我們仍要學習投資，為什麼？原因是要擊敗世界上其中一種最恐怖的力量——通脹！假設你有100萬元身家，而每年香港的通脹都是3%，你持有這筆資金什麼都不做，那麼在30年後，這副身家的實際價值便會降至40萬元。換一個角度，同一碗叉燒飯，30年前跟30年後價錢已大大不同，當中的分別無非是通脹作祟。

相反，如果我們有紀律地管理財富，並以5%的年度回報為目標，在30年後，名義財富便將累積至432萬元，即使計入通脹（3%）後，實質價值（2%）也有181萬元；假如年度回報提高到8%，30年後的名義及實質財富，便會分別累積至1006萬及432萬元【表2.1】。

表2.1　一次性投資100萬元

| 年度 | 沒有投資（通脹蠶食資產） | | 名義年回報5% 及 3% 通脹 | | |
| | 每年 | 年回報 -3% | | 總回報率5% | 淨回報率2% |
	起始儲蓄額	最終儲蓄額	每年	起始儲蓄額	最終儲蓄額
1	1,000,000	970,000	1,000,000	1,050,000	1,020,000
5	-	858,734	-	1,276,282	1,104,081
10	-	737,424	-	1,628,895	1,218,994
20	-	543,794	-	2,653,298	1,485,947
30	-	401,007	-	4,321,942	1,811,362

| 年度 | 名義年回報8% 及 3% 通脹 | | |
| | 每年 | 總回報率8% | 淨回報率5% |
		起始儲蓄額	最終儲蓄額
1	1,000,000	1,080,000	1,050,000
5	-	1,469,328	1,276,282
10	-	2,158,925	1,628,895
20	-	4,660,957	2,653,298
30	-	10,062,657	4,321,942

複息效應的威力

在加拿大畢業後，我便立即投身香港銀行業，記得在九十年代初的香港，銀行生意相當容易做，大部分人都只是把儲蓄放在銀行作定期存款，較進取是買一點外幣，而當時銀行存款利息高達6、7厘，借貸利率則是有10多厘。但在2008年金融海嘯後，美國實行超低息政策，香港在聯繫滙率制度下須跟隨，低息環境至今已持續了超過10年，預計在未來一段時間也不會大幅提升。即使我們辛勤地儲蓄，但面對銀行定存的利息「似有若無」，本金購買力最終都會一步步減少。

舉另一個例，假如你每年都努力將10萬元薪金儲起，如是者30年，但只是全數持有毫無回報的現金。30年後，雖然你已累積了300萬元儲蓄，然而計入每年3%的通脹後，其購買力只相當於今天的194萬元。相反，如果你每年都儲10萬元來投資，並且取得年度回報5%，30年後的你組合便會累積至698萬元，即使扣除通脹，實質價值也達到414萬元。同一道理，如果你能每年獲得8%回報，那麼在30年後，你的組合名義及實質價值將分別達1223萬及698萬元，遠高於300萬元的本金【表2.2】。

事實告訴我們，不一定要在短期內翻幾倍才算是投資，有紀律地投資並取得穩定的回報，也能為我們創造可觀財富，這就是複息效應的力量。

表2.2　30年每年投資10萬元

年度	沒有投資（通脹蠶食資產）			名義年回報5%及3%通脹		
	每年	年回報-3%		每年	總回報率5%	淨回報率2%
	起始儲蓄額	最終儲蓄額			起始儲蓄額	最終儲蓄額
1	100,000	97,000		100,000	105,000	102,000
5	100,000	456,760		100,000	580,191	530,812
10	100,000	848,995		100,000	1,320,679	1,116,872
20	100,000	1,475,065		100,000	3,471,925	2,478,332
30	100,000	1,936,744		100,000	6,976,079	4,137,944
總儲蓄	3,000,000	1,936,744		3,000,000		4,137,944

年度	名義年回報8%及3%通脹		
		總回報率8%	淨回報率5%
	每年	起始儲蓄額	最終儲蓄額
1	100,000	108,000	105,000
5	100,000	633,593	580,191
10	100,000	1,564,549	1,320,679
20	100,000	4,942,292	3,471,925
30	100,000	12,234,587	6,976,079
總儲蓄	3,000,000		6,976,079

那麼我們應該如何着手投資呢？第一步，便是了解不同的投資工具。港府的「投資者及理財教育委員會」（IFEC）在 2019 年做了一個「零售投資者研究 2019」調查，發現香港大部分散戶（83%）都有投資股票，投資債券的只有不足 10%，而投資結構性工具的更低至 1%【圖 2.1】；此外，大部分投資者都認為衍生工具及結構性工具都屬於高風險玩意。究竟這種投資取態是基於什麼心理因素？香港散戶對於「風險與回報」的認識又是否足夠？

在以下幾節，我會分別講解不同的投資工具，包括存款、股票、債券、結構性及衍生工具，也會談及保險，好讓大家了解不同工具的特性，以配合個人需要。

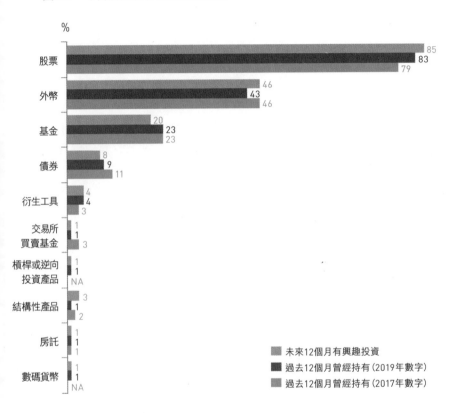

圖2.1 零售投資者參與的投資工具

%

股票 85 / 83 / 79

外幣 46 / 43 / 46

基金 20 / 23 / 23

債券 8 / 9 / 11

衍生工具 4 / 4 / 3

交易所買賣基金 1 / 1 / 3

槓桿或逆向投資產品 1 / 1 / NA

結構性產品 3 / 1 / 2

房託 1 / 1 / 1

數碼貨幣 1 / 1 / NA

■ 未來12個月有興趣投資
■ 過去12個月曾經持有（2019年數字）
■ 過去12個月曾經持有（2017年數字）

樣本：2019年 = 1,013、2017年 = 1,002

資料來源：投資者及理財教育委員會（IFEC）「零售投資者研究2019」調查

存款、非存款「貨幣」、黃金

對於大多數人來說，外幣存款是最常見的入門投資產品。根據香港金融管理局的報告，截至2020年第三季度末，在15.7萬億港元等值的存款總額中，超過一半（8.4萬億港元）都是港元存款、另有5.5萬億港元等值為美元存款，另外的1.8萬億港元等值屬於其他外幣存款。

在上世紀八九十年代，正值香港經濟起飛，銀行存款利率也相對地高。金管局數據顯示，在2000年，銀行的活期存款利率仍然有4.75厘，而3個月定期存款則達到4.89厘[1]。由於港元與美元掛鈎，當美國實行超低息政策，香港也須跟隨。截至2021年，香港銀行活期存款利率普遍低至0.001厘，可謂微乎其微；即使以100萬港元的本金做12個月定期存款，利率也只有0.01厘，即全年只有利息100港元，在物價高漲的今天，這筆利息分分鐘不夠普通人吃一個較為豐盛的晚餐！

過去，某些外幣（例如澳元、紐西蘭元或加拿大元）曾經提供較高利率，吸引許多港人買入，但是，他們未必完全了解外幣的潛在升值

1　香港金融管理局季報（2003年12月）：https://www.hkma.gov.hk/media/chi/publications-and-research/quarterly-bulletin/qb200312/sa2.pdf

或貶值，會影響到自己投資的總收益，而且這些外幣也已經「高息不再」。

涉及外幣的另一種常見存款類型是雙幣種存款。在此階段，讀者需要記住雙重貨幣存款與普通外幣存款不同，因為它涉及更複雜的衍生產品結構，我們將在本章第2.7節詳加解釋。

除了外幣存款外，不少人素來都喜歡黃金，用作對沖通脹，尤其是面對經濟或政局不穩時冀以黃金保護財富。問題是黃金有一個很大缺點，就是沒有任何利息，即不會像存款、股票或債券般帶來現金流；此外，金價還受到金礦產能、投資和工業需求的驅動。大家也忽略了一點，就是黃金波動性一點也不低，在上一個跌浪之中，金價便由2011年的每盎斯逾1900美元的歷史高位，下跌至2015年1000美元左右的低位，跌幅超過40%。

2.3

貸款

小時候開始，父母就教我只花能負擔的錢，不要先使未來錢。但是在現代社會中，很少有人可以不問銀行貸款購買物業，再加上申請信用卡門檻甚低，「碌爆卡」的情況並不少見（別忘了信用卡年化利息可高達24%），在有需要時借貸，實在是無可厚非，但我們有必要了解不同個人貸款產品的相對成本。

通常，有抵押擔保的貸款（例如物業按揭），其利率會低於無抵押借款（例如信用卡）。記得有一次我收到公司的年終獎金，妻子問我為什麼不用獎金來提早償還按揭貸款，節省利息支出？我解釋說，如果我把獎金投資於某些債券基金，只要基金的回報率比供樓利率更高，那麼，基金帶來的「收入」，不僅能抵消部分供樓成本，還可以產生潛在的額外回報或儲蓄，這就是財富管理的槓桿作用。

常見貸款種類

有抵押	樓宇按揭	汽車貸款	商業貸款		
無抵押	私人貸款	信用卡貸款	稅務貸款	學費貸款	商業貸款

港幣高達 HKD up
1.0 %
外幣優惠戶口 Premium Account*
高達
Up to
35.63 %
* 外幣優惠戶口並不等於銀行存款。 Premium Account is not bank deposit.
低息稅季貸款 Tax Season Loan+
低至
As low as
1.59 %
Please check with our branch staff for the assumptions on which the Annualized Percentage Rate

2.4

投資 – 股票

股票的故事：走過高山與低谷

在多年投資股票生涯中，若要我數最難忘一役，必然是花旗銀行，我在它20多美元時曾經買入，跌至2美元時候也有買過，持股10年，走過高山與低谷。

在銀行業出身的我，自問對業界有一定熟悉程度，認為在當時的零售銀行業中，花旗銀行既是跨國龍頭之一，信譽也一流，因而「確信」值得投資。豈料2008年雷曼倒閉，金融海嘯頃刻來襲，華爾街一片風聲鶴唳，花旗股價一下子也由50多美元跌至1美元左右，股價蒸發了九成八，但我沒有因而恐慌性拋售，在計算風險之後，我認為可以承受得到賬面上的損失；相反，如果花旗銀行可以繼續營運下來，這便是一個值得等待的長線投資。因此，當其股價於2美元時，儘管我心裏難免有一點點寒意，但也有開始分注吸納，後來花旗宣布10股合1股的合股行動，又致力重整資本結構，壓力測試有時過關有時不過關，股價在跌跌碰碰中慢慢復元。記得由第一次買入到最後賣出，整個過程歷時接近10年，最後我幸運地獲利離場，賺了數十巴仙的利潤。

教訓：不要以為自己很熟悉某一行業，切忌過分自滿。無論投資什麼都要客觀看待，而且在投資之前要衡量自己的風險承受能力。

股票是最普遍的投資工具，一般可按公司所處的地區（例如港股、美股或環球股票）或行業（例如科技股、銀行股或醫療股）分類；亦可按其前景或估值，劃分成增長型和價值型。價值型股票是已經從快速增長期步入成熟期的企業，多數是所謂的傳統經濟股。而近年具有高增長潛力的公司，大都與科技創新有關，即是新經濟股。以美國企業亞馬遜（Amazon）為例，本來只是一間網上書店，由於經營配送物流的業務，加上配合了方便客戶的技術及大數據處理，慢慢演變為一家全球最大的互聯網零售商。

影響股票價值要素

儘管股票是最受香港市民歡迎的投資工具，但許多散戶可能沒有時間或足夠知識來判斷公司的公允價值，簡單來說，就是究竟股價是便宜抑或昂貴。

評估股票的方法通常分兩種：技術分析和基本分析。技術分析傾向關注市場需求、供應狀況及趨勢（主要與價格和成交的變化有關），我不是技術分析方面的專家，在這裏便不詳談。

至於基本分析，可以進一步細分為宏觀經濟和微觀公司分析。宏觀經濟有盛有衰，往復循環便為周期。經濟周期是投資股票的基礎，不僅影響消費行為，亦會左右企業投資決定。企業對未來的計劃藍圖，例如資本開支，不太可能等待實際產能見頂後才增加投資，而是基於企業對經濟周期好壞的判斷。

2

理財工具的運作

在上一章我們已談了影響宏觀經濟的主要因素，讓我們在這一章，以大戶（即機構投資者，例如基金公司）的角度出發，看一看大行分析師在進行微觀的公司分析時，會基於什麼關鍵標準來判斷股價是否被高估（應該賣出）或被低估（買入機會），從而達到跑贏大市的目標。

增長驅動力：公司有否保持價格和高利潤率的能力，或者是否擁有具競爭力的產品／服務，以及成本效益、新產品周期和可持續商業模式。

財務狀況：公司表現好與壞，關鍵是看現金流而非靠消息，例如資本結構（即是不需要支付利息的股權及需要在到期時向投資者支付利息和資本的股權），是否有足夠的財務實力來實現增長，以及應付經濟低迷的周期（例如2020年的新冠肺炎疫情）。財務狀況不理想，公司就算再出名或理念和產品有多吸引，在逆境之下亦可能捱不過去。

除現金流外，成本和開支管理也是關注重點。工業或製造業在計劃其資本支出時，要估計生產能力和利用率，而科技產業就要投入大量的研發資金，務求產品推陳出新，刺激消費者購買慾。因此，投資者也要關注不同類型公司的主要支出項目，從而推算其潛在增長，而不僅僅是查看公司在當前獲利多少。

估值：最常使用的股票指標，不得不提到盈利和市盈率，但應該怎樣看也有學問。到底一隻股票是便宜抑或昂貴，並沒有絕對的數字，一切都是相對而言，而且市盈率會隨股價升跌而有起有落，所以我們應該關注市盈率的區間範圍及歷史水平。舉個例，如果有人告訴你，恒指目前市盈率【見P62小博士】是10倍，究竟是平是貴？

在未掌握更多數據前，沒有人能準確判斷。但如果你知道恒指的歷史市盈率最低是7倍，最高是25倍，便會明白「10倍」大概是處於偏低水平。

除了看歷史水平，另一指標是盈利變幅（即上升或下降）。市場對於不同行業的股票會給予不同的估值，舉個例，相對於市盈率僅5.7倍的工商銀行（01398），市盈率65.6倍的騰訊（00700）似乎相當昂貴！但這種簡單的二分法，並不能反映兩者的估值，因為前者屬於舊經濟股，在2014年至2019年的5年間，盈利的複合年均增長為2.4%，騰訊則是新經濟股，同期盈利的複合年均增長則為31.4%。此外，投資者也要留意公司的價值創造驅動力在哪裏，與競爭對手相比的估值又如何，以及哪些因素已經或尚未反映在股價之上【圖2.2】。

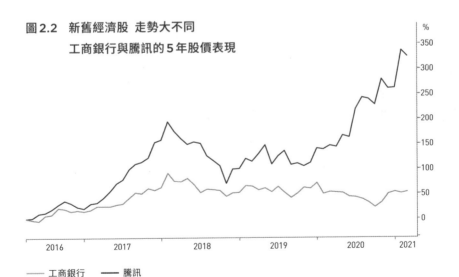

圖2.2　新舊經濟股　走勢大不同
　　　　工商銀行與騰訊的5年股價表現

—— 工商銀行　—— 騰訊

資料來源：彭博　　截至2021年2月26日

市場趨勢： 年少時我曾經投身時裝設計行業，與今日的工作似乎風馬牛不相及，但其實兩者原來也有相似之處。時裝，當中的「時」就是一時的潮流，曾經有一段時間，香港很流行喇叭褲，後來又變成窄腳褲的天下，喇叭褲被廣大消費者放棄。但另一邊廂，有些經典品牌及款式，重視的是手工和質料，款式常年不變但仍歷久常新，香奈兒 (Chanel) 外套便是數十年如一日地受女士歡迎。

同一道理，隨着時代不斷轉變，股票市場也是長江後浪推前浪，昔日王者也可能有沒落的一日，如何跟上潮流、不被市場淘汰才最重要。諾基亞 (Nokia) 和摩托羅拉 (Motorola) 的手提電話曾經稱霸一時，但後來便被蘋果及三星等取而代之；相反，股神畢非德 (Warren Buffett) 的愛股可口可樂，產品單一而且沉悶，卻有很穩定的現金流和市場領導 (甚至壟斷) 地位，多年來都屹立不倒。

近年市場湧現不少科技新秀，例如視訊會議供應商 Zoom 和電動車生產商 Tesla，成功在短時間內冒起，估值已經非常高，市盈率甚至以百倍計。更甚的是，部分科技企業仍未實現盈利，那麼可以如何估值？近年分析師最常用的方法，是現金流折現模型 (Discounted Cash Flow Model)【見 P63 小博士】，簡單地說，就是計算公司未來的現金收入，然後折價成為目前的價值。

處於新時代，我們評估一間公司的前景時，也難再用從前的方法。很多科技龍頭企業以顛覆全球供應鏈為目標，它們的部分業務雖然還未有盈利收入，但就會不斷蠶食其他傳統行業的市場份額，例如由網購擴展至廣告、物流到支付工具、甚至微貸等，形成一個自給自足的生態鏈。即使部分業務未有盈利，但統合起來的威力便相當強大。因此，投資者不單要看它們目前賺蝕，也要估計其日後的增

長潛力。這些新經濟股的股價升勢能否持續,將視乎其業務模式有沒有足夠的護城河,即入行門檻高不高,產品和服務會否被對手輕易抄襲或另有替代品等。

管理質素:企業的掌舵人是公司訂立長遠策略和發展方向的靈魂,尤其是處於快速增長的公司,一旦創辦團隊有任何變動,都會影響其投資價值。公司管理層的背景和紀錄如何,他們有沒有執行既定戰略的能力、對外溝通及資訊是否透明、其薪酬是否與股東的利益保持一致,以及能否在股東、員工、客戶及自身利益之間取得平衡等,都是關注點。

在各國政府大力推動下,環境、社會和治理(ESG)已成投資界新趨勢,公司的管理層將面對更大的挑戰,以實現長期而可持續的增長。

為了讓大家更明白不同股票的投資機會,我以《福布斯》世界富豪榜十大排名列出這些富豪的身家、相關公司名稱、市值、市盈率、市賬率和股價一年表現,好讓讀者了解如何基於一些簡單又容易獲取的資訊來揀股【表2.3】。如你所見,儘管2020年的一些公司的股價表現令人印象深刻,但是否真的有收益前景的支撐,是投資者的重要考慮因素,大家或許會發現畢非德是唯一一個主要靠投資而非實業而成為十大富豪的人,可見單憑投資股票而發大達的,在世上並不多見。

表2.3　全球十大富豪及其公司概況

	富豪名稱	身家 (美元)	公司名稱	市值 (美元)*	2019年 盈利 (美元)*	2020年 股價表現 (%)	市盈率 (倍)	市賬率 (倍)
1	Elon Musk	1,838億	Tesla, SpaceX	6,540億	-8.6億	743.4	992.7	29.5
2	Jeff Bezos	1,824億	Amazon	15,390億	115.9億	76.26	73.2	16.4
3	Bernard Arnault & family	1,507億	LVMH	3,200億*	8.7億*	13.4	56.4	7.1
4	Bill Gates	1,216億	Microsoft	17,270億	392.4億	41.0	34.0	13.3
5	Mark Zuckerberg	920億	Facebook	7,250億	184.9億	33.1	25.2	5.7
6	鍾睒睒	905億	農夫山泉	746億*	7.6億*	65.9#	93.0	36.9
7	Warren Buffett	882億	Berkshire Hathaway	5,720億	814億	2.4	27.8	1.4
8	Larry Ellison	879億	Oracle	1,920億	111億	22.1	19.1	24.3
9	Larry Page	768億	Google (Alphabet)	13,640億	107億	30.9	40.8	6.1
10	Sergey Brin	746億	Google (Alphabet)	13,640億	107億	30.9	40.8	6.1

\#農夫山泉自2020年9月8日起在港交所上市

* 以2021年2月26日滙率折算為美元

資料來源:《福布斯》、彭博、公司年報;截至2021年2月26日

如何判斷股市出現泡沫？

2020年新冠肺炎病毒來襲，全球經歷史無前例的挑戰，不過各國股市在疫情爆發初期大跌後，迅即明顯彈升，且毋懼疫情尚未受控，美股數月間已屢創新高，港股於2021年首季也重返3萬點以上，究竟股市是否已經出現泡沫？股市泡沫又有哪些特質？以下三大指標值得大家參考。

1. 交投轉手率的比例：轉手率 (Turnover Rate) 又稱為換手率，即股票買賣易手的頻率。機構投資者多數以中長線投資部署為主，所以如果在短期內轉手率突然大升，很可能是散戶對股市的興趣大增，而這往往是泡沫的先兆，因為轉手率愈高，便反映投資者短炒心態愈旺盛，到了音樂椅遊戲一停，接棒者就會很危險。

2. M2貨幣供應量：流動性與股市的熾熱程度向來有着很高相關性。為了應付疫情打擊，美國聯儲局採用極度寬鬆的貨幣政策，在2020年3月至12月間，美國M2貨幣供應急速膨脹23%，大量資金在市場流竄，難怪可以支撐股市持續向上。但由流動性推升的股市，到底有沒有實際的盈利所支撐？這一點要留意。

3. IPO市場活躍程度：首次公開發售 (IPO, Initial Public Offering) 也是測試股市熱熾程度的重要指標。在2020年至2021年首季，我們見到香港多隻IPO都獲得大量資金追捧，在2021年2月初，新經濟股快手 (01024) 在香港IPO錄得1218倍超額認購，認購人數多達142.3萬人。

IPO是一買一賣的關係，賣買雙方本來就是對立的。在 IPO 投資，賣家是投資銀行及公司的管理層，買家就是投資者。對賣方而言，這是企業集資途徑之一，大多數企業都會選擇在市況暢旺時招股，藉此籌集更多資金。因此，IPO 愈活躍代表股市相對熾熱，泡沫成份也愈濃，同時，企業從 IPO 中吸納愈多資金，意味股市流動性愈抽緊，對股市亦是一個利淡訊號。

按上述三大指標，2021年首季的股市似乎已出現泡沫跡象，不過，股市泡沫可以持續很久，在超低息及極為充裕的貨幣政策下，沒有人能判斷音樂椅遊戲會何時完結。

小博士
三大常見股票估值指標

PE 和 PB

市盈率（Price-to-Earning Ratio, PE）是投資者用來衡量大市或個股估值的指標，公式是股價除以每股盈利，一般認為 PE 愈低、估值便愈便宜。相較之下，新經濟股增長潛力較佳，故此投資者會給予較高估值，其 PE 因而相對較高。

至於市賬率（Price-to-Book Ratio, PB）則是股價相對每股資產淨值（NAV）。每股 NAV 的計算方法是將總資產減去總負債，再除以公司總發行股數。有別於其他企業，銀行的資產和負債類型相對簡單，分別是客戶的貸款和存款，因此較常以 PB 衡量其估值。一般而言，PB 愈低、表示該股的估值愈吸引。

現價相對每股NAV折讓

現價相對每股資產淨值的折讓幅度，同樣是典型的估值工具。若股價低於每股NAV便是折讓，反之則是溢價，而折讓愈大，反映估值愈低。由於地產發展商的資產通常是物業或土地儲備，都是有價有市資產，因此，NAV折讓幅度較常用於衡量地產股估值。

現金流量折現模型

現金流折現法（Discounted Cash Flow, DCF）屬金融界廣泛使用的資產估值方法之一，是把企業在未來每一段特定時間內預期會產生的現金流，再折現為目前的價值。

從下面的數式所見，分子是現金流和增長率，反映了企業的基本因素；而分母則是反映預期現金流的折現率。

$$\text{資產價值} = \sum_{t=1}^{n} \frac{CF_{t-1} \times (1+g_t)}{(1+r)^t}$$

n為資產的年期；
CF_t為t年的現金流；
g_t為t年的增長率；
r為反映預期現金流的折現率。

由於分析股票的工具繁多，而且各行業會有不同適用指標，所以投資者在研究股票時，不能一本通書睇到老，只使用一至兩種估值指標。

長線 vs 短線部署

一直以來，香港人都偏好短炒，從期指、窩輪到牛熊證受歡迎程度，便可見一斑。投資者總希望以小博大，即使是基金投資，亦見到香港散戶交投頻密的痕跡，從香港投資基金公會（HKIFA）數據可見，2019年香港的零售基金銷售額高達800多億美元，但淨銷售額卻只有110億美元，可見當中有不少人在一年間買買賣賣，周轉率很快。其實基金買賣涉及成本，頻繁交易並不划算。

部分投資者則偏好長線部署，往往以公用股及高息股為主，例如電能（00006）、滙控（00005）及領展（00823）等，這些公司炒味不濃，股價不會在短期內爆升，但是派息率不俗，往往吸引一班希望能穩穩陣陣的「好息之徒」，這是否表示短炒不對、長揸才是王道？又不一定，滙控正是例子。

曾經有一段很長時間，不少專家深信「長期持有」才是股票投資的王道，卻忽略了一點，就是即使看對了市場，但選錯了股，都會一錯到底。當眼白白看着股市上升，而持股卻遠遠落後，真是投資世界的一宗傷心事。以往散戶的格言是滙控「只有買貴、不會買錯」，若一味盲目地信奉這種想法、卻不理會時代已變、行業已變的人，分分鐘會成手蟹貨！

在此，我再苦口婆心地奉勸初入門的投資者，投資不是人有我有，不要單憑消息和股價趨勢便輕易跟入！那麼，大家可以怎樣做呢？我們不妨參考一下大戶（機構投資者）的做法——核心衛星投資（Core-satellite）策略。

理財工具的運作

核心衛星投資策略把資產分成「核心」和「衛星」兩類,「核心」資產配置目標是在風險可控的情況下獲取穩健長期收益,同時加入短期策略性的「衛星」投資項目,以捕捉市場趨勢或特別的投資時機,好處是能夠有效分散組合風險,又有機會獲得更高的潛在回報。無論是股票還是基金都可以用於這種策略,例如以主動型基金或 ETF 配置於主流市場,作為核心配置。

在衛星資產配置方面,就不妨考考自己的眼光,配置在一些自己很有信心的投資,套用基金經理的說法就是有確信(High Conviction)的投資。當然,衛星配置的投資佔比不能太高,而且在投資前也要充分了解目標的財務狀況、競爭能力和市場趨勢等,即是需要有強烈理由支持這個投資決定,同時要做好止賺和止蝕操作準備,如果行業和市場不似預期,或者當初入市的原因未能實現,就不能強求,跟「衛星」談戀愛更是萬萬不可。

個股 vs 股票基金

對於一般散戶而言,究竟應該自己買股票、抑或最好由基金經理代勞?首先,我們要明白兩者的分別。

投資的致勝關鍵之一,在於是否能夠獲取充分資訊。在選擇個股時,投資者一般會有本土偏好(Home Bias),不少香港人始終偏好香港和內地股票,因為茶餘飯後聽得最多,自覺較為了解;相反,投資外國股票就如隔山買牛,所得的資訊不多,因此透過基金來投資,會比較方便快捷,兼可享有基金經理的專業管理。

個股和股票基金何者較佳,不能一概而論,而是要視乎市場而定。對於自己熟悉的市場,不妨投資個別股票,而對於不太熟悉的市場,則可以選擇基金及ETF。

另一考慮是資金,相信大家都知道分散投資的重要性,把身家押注在單一股票是相當危險的事,但並非所有散戶都有足夠資金投資於一籃子股票,假如資金較少而又希望分散投資,便可考慮買入基金。舉個例,要買入55隻恒指成份股的成本不菲,但買入一手代表恒指表現的盈富基金(02800)則只需15000元左右。

主動基金 vs ETF

過去10年ETF市場迅速興起,本港歷史最悠久的盈富基金,規模已超過千億元。同時,近年市場對於主動基金的表現也有不同的聲音,究竟兩者孰優孰劣?

ETF旨在追蹤大市表現,主動基金的目標則是跑贏大市,帶來超額回報(Alpha),兩者有着本質上的分別。作出選擇時,大家要先問一個問題:到底要跑贏市場難不難?

根據有效率市場假說,投資者要在一些成熟股市取得Alpha並非易事【見P69小博士】。正如上述所言,誰人掌握充分資訊,就最有可能成為贏家。一般投資者要了解股票和行業,通常都要依靠市面不同的研究報告,例如美國大型股,各大投資機構對於每隻股票都有詳細研究,市場效率、透明度和流通性也相當高,換言之,很難有一些機會只有少數人看到、而大家卻忽略了的。

2

理財工具的運作

相反，在細價股、新興市場和效率較差的地區，一般證券行所覆蓋的股票和行業都不夠廣泛，相對於擁有龐大資源的基金公司，散戶所掌握的資訊顯得不足夠，因此能夠跑贏大市的主動型美股基金相當罕見，但是跑贏 A 股的基金卻是比較多，有分析便估計，在 2015 年至 2020 年的 5 年間，高達 90% 的 A 股主動管理基金都跑贏其基準指數[2]。

年輕人 vs 準退休人士

年輕人：接受和適應能力較強，一般不會抗拒最新趨勢和玩意，對消費市場也最敏感。既然他們的潮流觸覺較敏銳，就不妨利用自己的觀察力，投資於與自己相關、熟悉、或有認同感的股票。由於年紀輕，距離退休還有一段長時間，即使遇上市場巨浪或行業低潮，仍有時間追回失地，因此，在投資風格上可以較為進取，選擇較具增長力，但波動性可能較高的公司。

(準) 退休人士：花點錢來買一些愛股，考考自己眼光當然沒有問題，但對於臨近退休或已退休人士而言，由於再沒有經常性收入，可以損失的本錢可能逐步減少，所以作風要更加審慎，善用核心衛星投資策略，在核心倉位考慮一些比較穩健和能夠提供入息的資產，相信是較好的選擇。

---

2 https://www.institutionalassetmanager.co.uk/2020/06/10/286426/
   most-active-managers-outperform-china-shares-suggests-
   international-advisory

小博士
有效率市場假說

有效市場假說認為,所有已知可以影響股價的因素,都已反映或快速地反映在股票價格變化之中,即使出現新的市場資訊,投資者也能快速地作出反應,因此,任何人都難以持續地擊敗市場,賺取跑贏大市的回報。不過,在資訊不流通的市場,有效率市場假說就難以發揮威力。

投資 – 債券

債券的故事：冰河時期中的占士邦

2008年金融海嘯來襲，股市一片死寂。身在滙豐銀行擔任亞太區財富管理業務主管的我，決定作出一個新嘗試——推銷債券。記得在那一天的內部會議中，我用了兩張電影海報做示範，第一張是迪士尼電影《冰河世紀》，比喻投資市場進入冰河時期。即使如此，生意還是要做，客戶也仍然有投資需求，於是我展示當年上映的占士邦（James Bond）電影，比喻是時候聚焦於債券（Bond）！

在十多年前的零售市場，不只散戶，連我的同事也不算十分熟悉債券投資。當時投資級債券提供良好的債息和潛在收益。例如，由滙豐銀行發行、2034年到期的美元債券，票息約5、6厘，孳息率逾8厘，我認為這是不俗的投資選擇。有些投資者問：債券有風險吧？當然，但存錢於滙豐同樣也有風險，因為根據存款保障計劃，港府只會「包底」每戶50萬元，即一旦銀行倒閉，50萬元以上的存款可能不能全數取回。

另外，也有投資者質疑：債券只有8厘息，不如等股市好轉時才入市買股票？抱類似想法的大有人在，本地投資者的通病是：要不坐擁大量現金，要不就投資於股票，甚至窩輪。但在多年的低息

環境，8厘息的確相當吸引（前提是不違約），而且後來在短短數月內，該債券孳息率由8厘一下子跌至6厘，換言之債券錄得接近30%回報（當債券收益率下降時，債券價格就會上漲，該收益可通過「債券收益率下降百分比乘以債券存續期」計算）。看到這樣的數據，同事都瞪大雙眼，弄不清楚為什麼孳息率下調2厘，會換來30%的超高回報呢？到了後來，大家才慢慢明白債券投資到底是什麼一回事了。

香港人一直側重股票投資。無他，從財經新聞中，大家最常聽到就是恒指上落，卻甚少聽到關於債券的消息，甚至乎連一些皮毛認識——例如債息和債價的反向關係都欠奉。

在投資組合中，香港散戶要不就持有現金（銀行存款），要不就投資股票和衍生工具，總是忽略債券，若以理財金字塔【見P72小博士】視之，就是一下子由最安全的底部，跳躍到最高風險的塔尖。其實相對於高達105.9萬億美元的全球的債券市場規模，股票市場只是小巫見大巫，市場規模為95萬億美元。在大戶、有錢人或主權基金世界，債券是非常重要的持倉，原因是其回報雖及不上股票，但波動性卻較低。

債券投資在西方國家較為普及，一來是因為投資渠道較多，一般投資者都可以在證券行買賣債券；二來不少城市都有推出市政府債券（Municipal bond，例如紐約州債券），但是香港政府卻很少發債，或者說根本沒有積極發展債市，間中推出的iBond往往只會被視為政府的紓困措施；三來，不少歐洲國家都會收取投資增值稅或入息稅，但對州份債券就有免稅優惠；最後，是投資門檻的問題，

在香港直接買債券（straight bond）的門檻甚高，動輒上百萬元，但在歐美國家，購買地方債券的入場銀碼比較低，數萬元已經做到，因此頗受到投資者的青睞。

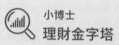

小博士
理財金字塔

理財金字塔是解釋應該如何分配不同類型資產的常用工具。

一般而言，金字塔的底部代表了財富的穩定基石，代表了我們應該分配較多資金於低風險的現金、政府債券等；往上一點是較高質素的債券及藍籌股；再往向上是風險較高的房地產及細價股等；而到了塔尖的部分，便是風險最高的期權及衍生工具等，我們在這個部分的分配也應最少。

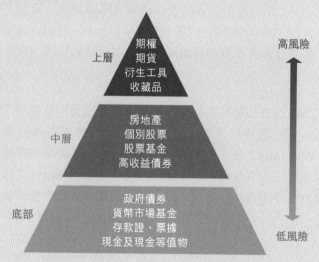

什麼是債券？

債券的種類有很多【表2.4】,基本概念是投資者借錢給發行人,最理想是到期前沒有違約,按期收息,到期取回本金。一般而言,債券會列明到期日及票息水平,例如為期5年、票息5厘的A公司債券,假設投資本金為10萬元,每年你將收到企業所支付的5000元債息,5年過後則能取回10萬元本金,換言之,期內你的回報為5000元 x 5年 = 25000元。

在現代金融市場,債券不一定持有至到期,也可以在二手市場交易,所以債券價格也會像股票般有起有落。當受利好因素刺激,債券的信貸評級便有望調升,債價亦因而上漲;相反,如果評級被調低,債價普遍便會下挫。

表2.4　債券種類多元化

債券類別				
政府債券	政府機構/地方政府債券	超主權債券	公司債券	證券化銀行貸款
可轉換債券	通脹掛鈎債券	浮動利率債券	現金/外滙債券	優先債券
債券地區（也適用於股市）				
美國	歐洲/英國	拉丁美洲	中東非洲	已發展亞洲
中國				
債券指標				
到期日/存續期	信貸評級	信用價差	到期收益率	最差收益率

衡量債券的指標

一、利率

在當前低息環境下，了解債券收益率和債券價格變化的反比關係（債息跌＝債價升）絕對是了解利率風險（即加息或減息）的關鍵。假設你現在買入美國政府10年期債券【圖2.3】，年收益率是3厘，當美國加息，令未來新發行的10年期債券的收益率提高到每年4厘時，你每年只收到3厘的利息，較新發行的債券收益少了1厘，再乘以10年投資期，那麼你的投資收益便會少收10%（1厘×10）！如果你要出售債券，則要降價才能與每年4厘收益率的新債券競爭。

當債券收益率從3厘下降到2厘時，情況正好相反──當債券收益率下跌時，債券價格就會上漲（假設發行商在債券到期時的還款能力沒有變化）【圖2.4】。這解釋了為何債券價格對以往和未來的利率變化都相當敏感，而衡量這種變化的方法稱為存續期。

圖2.3　美國10年期債息走勢

資料來源：彭博　　截至2021年2月26日

圖2.4　債券收益率和債券價格的反向關係

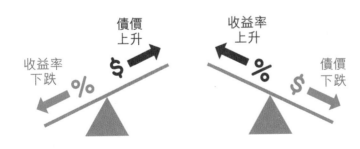

二、評級

除了收益率（或稱孳息率）外，債券投資的回報也受到發行商的信貸評級所影響，一旦發債商未能如期支付利息或本金，便屬違約。

發行商的信貸評級愈低，債券收益率一般就愈高，因為投資者會要求更高的利息，來彌補潛在較高的違約風險，投資級別債券的質素較高，違約風險便較低。穆迪（Moody's）和標準普爾（Standard and Poor's）是全球兩大信貸評級機構，兩者給出的最高評級，分別是Aaa或AAA【表2.5】，獲得「3條A」光環的發行商，自然能以較低的成本發行債券（借錢）；而在穆迪及標普評級中，若低於Baa3或BBB-，便算是質素較低的非投資級別債券，又稱為「垃圾債券」，其違約風險自然較高。

表2.5　兩大評級機構的信貸評級級別

穆迪	標普	評級
Aaa · · Baa3	AAA · · BBB-	投資級別
Ba1 · · B3	BB+ · · B-	非投資級別 （俗稱高收益債券或垃圾債券）
Caa1 · · C	CCC+ · · D	·重大風險債券 ·違約

三、信用價差

低級別與高級別債券之間的收益率差距，稱為信用價差。例如：在
2020年10月，美國10年期國債收益率為0.75厘、美國投資級債
券指數的收益率為2厘、美國高收益債券的收益率則達5.42厘，因
此，美國投資級債券與美國政府債券之間的價差為1.25厘，美國高
收益債券與國債的價差則為4.67厘。

一般而言，如果大家認為經濟環境將轉壞，便會選取優質和短年期
債券；反之，如果認為經濟見底，便可考慮一些信貸質素較差、但
息率較高的債券，因為經濟好轉時，發行商的經營環境亦會隨之改
善，息差有望收窄，令價格上升【圖2.5】。

圖2.5　美國高息債與整體企業債收益率走勢

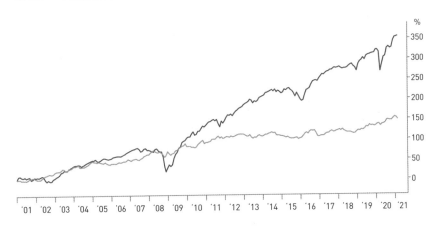

彭博巴克萊美元高收益企業債券總回報指數　　　彭博環球綜合債券總回報指數

資料來源：彭博　　　截至2021年2月26日

四、年期

債券和股票的其中一個分別，在於普通股價格只有一個，假設某一天騰訊（00700）收市價是 700 元，便是 700 元，但債券不一樣，同一間公司在不同時期發行的債券批次、不同年期（例如 5 年期或 10 年期），甚至是發行條款（例如有沒有抵押），其息率和價格亦會有所不同。

投資者如要了解債券的合理價格，除了看違約率和風險之外，往往需要借助政府不同年期債券作為指標，一隻 3 年期的公司債，便要與同樣是 3 年期的政府債收益率作比較。香港政府沒有恒常發債，因此難以作比較，我們只可以用美國國債作為替代指標。

Risk Free 真係無風險？

教科書告訴大家，美國國債是 Risk Free Asset，即無風險資產。這種想法其實有一定謬誤。風險是一個相對概念，美國國債所以被視為安全，是因為其信貸風險低於其他資產，但要注意的是，美國國債同樣會面對利率風險。此外，在極端情況下，即使有美國政府背書的債券，同樣會出現波動風險，例如在金融海嘯時期，號稱受到美國政府支持的按揭機構房利美及房貸美，都曾出現過龐大危機。

高息債陷阱？

近年高息債（又稱高收益債）大行其道，坊間的高息債基金不少都賣個滿堂紅。我對高息債沒有負面看法，但必須提醒大家，債券種類繁多，風險程度也有很大分別。

很多投資者以為債券就是安全的保證，卻不知道高息債的風險與回報，更近似股票，例如在2000年至2020年的20年間，每當有金融危機出現刺激債券收益率急升，美國高收益債券指數的波動性都遠高於投資級別債券。

我們應該怎樣分析高息債？如果想要在債券爭取較高收益，有兩種方法，第一，是承受較高的信貸風險，投資於高收益債券，以額外回報補償潛在風險。那麼在投資高收益債券時，要面對什麼風險呢？

公司風險： 信貸質素較低的公司，例如規模較小、負債較高或現金流較弱的公司，如果需要資金周轉，便要發行較高息的債券，但其違約風險也相對高。

地區風險： 新興市場的通脹率一般較高，信貸評級卻較低，因此當地政府債券的息率也會較高，在新興市場發行的企業債券，息率自然又會較當地政府債高一些，例如巴西10年期國債收益率為7.8厘，若果巴西的公司要發行債券，其息率往往會再高一點。

貨幣風險： 港元與美元掛鈎，港人不用擔心以美元計價的債券會貶值，但是如果以其他外幣計價，便要小心。在金融市場，貨幣有分「軟硬」，美元、歐羅及日圓三大貨幣，屬於成熟經濟體，經濟發展

及政策較為穩定，即「後台」較為硬淨。以三大貨幣發行的債券，息率會較低；相反，新興市場貨幣發行的債券，由於波幅較高，息率便較高。

第二種方法，則是仍然投資於高質素的投資級別債券，但利用槓桿操作（即是孖展）投資債券，在正常情況下會倍大回報，但跌市時也會令損失擴大一倍。假設你以100萬元成本，額外借入100萬元，並購入一隻能提供4厘息的基金，而借貸成本為2厘，在正常情況下，你可獲得（4% x 2 − 2%）=6厘，即6萬元的總回報。

期限錯配及槓桿風險：現在借孖展買基金已經不再是高淨值客戶的專利，零售銀行亦有提供這種服務。不過，投資者小心要面對期限錯配風險（Maturity Mismatch Risk），假設你借的是短錢，而債券組合的平均到期日較長，當孳息曲線倒掛【見P82小博士】，便可能會蒙受損失。

歷史上，因槓桿操作而導致爆煲的極端事件時有發生，美國對沖基金長期資本管理公司（Long-Term Capital Management, LTCM）便是最著名的例子。LTCM由一群諾貝爾經濟學獎得主掌舵，於九十年代深得市場信任。該公司的策略是利用大量槓桿，放大債券本來微薄的利潤，從而創造龐大收益，但是在1998年俄羅斯國債金融危機期間，因為槓桿過高而飽受打擊，在短短4個月內損手46億美元，最終倒閉收場。

小博士
孳息曲線倒掛

孳息曲線倒掛（Inverted Yield Curve）是長期國債孳息率低於短期國債孳息率，一旦出現，市場認為是經濟衰退的先兆。

在一般情況下或經濟擴張時，孳息曲線應該向上傾斜，即長年期的債券孳息率，高於短年期的債券孳息率，原因是債券的年期愈長，代表了投資者被鎖定資金的時間較長，面對風險較高，因而債券要提供較高的孳息率才能吸引投資者。

然而，當市場憂慮經濟衰退或通縮將降臨，資金便會湧入長期債券避險，令長債孳息顯著回落，又或是政策利率走高或市場流動性緊絀，推升了短期利率上升，導致孳息曲線出現倒掛。市場較常用的指標是比較美國的 2 年期和 10 年期孳息曲線有否倒掛。

經濟擴張周期的孳息曲線

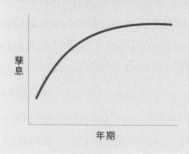

經濟收縮周期的孳息曲線倒掛

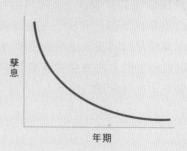

派息部分：在一個以億元計的債券基金之中，可能持有超過100隻債券，每隻債券本身都有派息，形成債券基金的收入，當中的收入又可分為毛收益（Gross Yield）和淨收益（Net Yield），毛收益是組合中所有債券所派發的票息，淨收益是扣除基金管理費、行政費和託管費後的派息。如果毛收益是5%、並收取1%費用，淨收益便是4%。

增值部分：債券基金的收益來源，除了是投資的債券派息外，也可能是從資產淨值而來，若基金的債券倉位獲評級機構上調評級，刺激債券價格上升，當基金經理沽出套現，便可為組合資本升值。

有機會升值自然亦有機會減值，最常見的是有持倉出現違約，雖然基金可向債券發行商追討違約後的剩餘價值，但仍有機會出現減值。

提醒你

無論是債券或債券基金，我們要看的不只是派息水平，最重要看總回報，否則有機會賺息蝕價（或賺價蝕息）。假設有債券基金在某年度派發了8厘息給投資者，而該年基金的資產淨值（NAV）下跌10%，最後投資者還是要倒蝕2%。

理財工具的運作

債券基金「搣本」之迷

在低息的大環境下，收息成為投資的重大主題。不同的債券基金做法各異，現時香港大部分債券基金都會列明派息「有機會從資本支付」，亦即俗稱的「搣本」，投資者有時會誤解，以為「搣本」一定就是不好，但是其本身可能涉及中性的會計操作，不一定有好壞之分。

近年愈來愈多債券基金以每月派息作招徠，但很多債券本身只一年派兩次息，為了每月都讓投資者有息可收，基金經理便會「搣本」派息，之後在收到債息時再補回；其次，若基金列明派發的是未扣費用的毛收益，那麼，基金便要另外支付當中的差距。套用上述的例子，5%毛收益及1%費用，代表基金只有4%淨收益可派，若要派足5%給投資者，就要從NAV中支付那1%差距。

投資者要小心比較，主打派息的債券基金不是定期存款，息率水平並非恒久不變，2020年全球利率同步下跌，很多債券的息率已回落不少，令債券基金於2021年的派息率未必能夠維持。

提醒你

在很多人眼中，債券只是渴望收息的中老年人玩意，年輕人有風險承受能力又愛刺激，應該是買股票才對。一個廣為流傳的投資法則，是把100減去年齡，便是投資股票的比例：假如你只有20歲，資產便應有80%投資在股票。

我十分反對這種說法！與世上所有學問一樣，投資都有一個學習過程，應該由淺入深。年輕雖然力壯，但同樣代表了你才剛剛學習投資，未嘗透市場的各種高低起跌，也未熟習所有交易操作，一言蔽之，就是投資道行未到家，其實更應把較多比例資金放在債券或債券基金，賺取高於銀行存款的回報。當累積了一定投資經驗後，就不妨上調投放在較高風險的資產如股票之上。

這種循序漸進的方法，能夠避免配置兩極化。說到底，一個人的實際年齡，跟投資年齡根本是兩碼子的事。年紀大的不代表一定很有經驗投資，年紀輕輕的也可能累積相當深厚的戰績。再說，投資債券也不代表是悶蛋玩意，在本章最開首的債券故事，便反映出投資債券，也可以創造可觀回報。

投資 – 強積金

強積金的故事：苦口婆心的勸喻

多年來在金融界打滾，我發現大家對管理強積金都沒有太大興趣，不單是一般的親友，就連在金融行業中人也是如此。我常常苦口婆心告訴身邊人一定要留意強積金！還有一個小貼士：不少公司都會為員工供多一點額外的強積金（自願性供款），作為一種福利，從而提高員工的忠誠度。這些額外的自願供款通常設有「歸屬權益」的限制，例如工作滿5年可獲得一半供款、工作逾10年則獲得全數等；相反，假如員工在既定年期之前離職，就不會獲發相關權益。既然那筆資金不是（或暫時不是）自己的，在策略上何不進取一點？

強積金三大迷思

1. 強積金很離身

打工仔要到65歲時才可全數取回強積金，令很多打工仔都愛理不理，然而，強積金是長期投資，而且打工仔和僱主每月最少供款人工的10%，少數怕長計、聚沙成塔的道理，想必大家都知道。

數據反映，香港的強積金已累積了龐大財富規模，截至2020年9月底，淨資產值便達到1.02萬億元左右【表2.6】，每1%的增長便相當於100億元，而擁有超過100萬元的強積金賬戶更多達6.3萬個！所以各位打工仔絕不能忽視強積金的價值。

表2.6　強積金淨資產值突破萬億大關

日期	股票基金	混合基金	貨幣市場基金(包括保守基金)	保證基金	債券基金	貨幣市場基金(不包保守基金)	總計
2020年9月30日	4094.0億	3664.3億	1123.3億	807.7億	482.3億	46.9億	10218.4億

資料來源：積金局；截至2020年9月底

2. 強積金回報低

不少人都批評強積金的回報偏低，並不吸引。雖然自2000年底實施以來，強積金年度化內部回報率只有3.9%，但是細心一看，大家便會發現強積金的年度升跌幅也可以很大【表2.7】，例如在2003/04年度及2009/10年度，其回報便分別達到22%和30%；而在2008/09年度，則下跌26%。因此，定期檢視強積金組合，並適時重整，便有機會增加回報。

表2.7　強積金年化內部回報率差異甚大

期間	年化內部回報率
2003年4月1日-2004年3月31日	22.0%
2008年4月1日-2009年3月31日	-25.9%
2009年4月1日-2010年3月31日	30.1%
自強積金制度實行以來： 2000年12月1日-2020年9月30日	3.9%

資料來源：積金局，《強制性公積金計劃統計摘要》，截至2020年9月

3. 混淆投資工具

不少人以為強積金與一般零售型基金是截然不同的投資工具,其實兩者結構相似,同樣由基金經理管理並進行分散投資,也受到資產託管的保障。由於不少打工仔將強積金與自己的投資區分開來,沒有視作一個綜合的財富組合,因此在強積金裏一味只投資港股基金。截至2020年3月底的強積金資產分配中,有69%股票配置便屬於港股,如果平日大家在自己的投資中也押重注在港股,那麼就難以達到分散投資的效果。

提醒你
保證基金最穩陣?

有些希望保本、比較抗拒風險的打工仔,把大部分強積金配置在保證回報基金,然而,積金局數據顯示,保證基金回報非常低,自2000年強積金成立以來的年度化回報僅1.2%,遠遠低於股票基金的4.5%及混合基金的4%,也低於債券基金的2.7%,因此極有可能跑輸通脹,反而會蠶食你的購買力。

定期檢視積金表現

雖然強積金是長遠投資,毋須作出頻繁轉換,但大家最好至少每年都檢視強積金的投資組合、策略和表現。打工仔可透過強積金的周年權益報表,了解過去一年的供款和投資狀況。當面對市場急劇波動時,每年檢視一次可能會落後形勢,幸好大部分強積金服務供應商均有提供季度資料,打工仔也可於網上隨時查詢戶口結餘及檢討季度表現,並為組合作出調整。

1. 嚴守紀律

由於強積金是為了退休做準備,所以在投資取態上要格外審慎,尤其是臨近退休的人士。對強積金的配置亦要抱持學習心態,步步加深認知,最初可先做個「懶人」,參與預設投資策略(DIS),循序漸進至參與平衡型基金,最後是自我判斷在什麼時候可作出較高風險的投資決定。

懶人投資法:怕麻煩或不懂投資的打工仔,可選擇DIS基金,即65歲後基金和核心累積基金,由基金經理根據你的年齡,逐步調整組合中的股債比例。

平衡投資法:聚焦於股債混合的平衡基金,這些基金會根據市況,判斷及調整股債的比例。

自主選擇法:對個別主動型基金的往績有信心,因而買入;或基於對特別市場(例如中國或美國)有信心,而選擇相關的基金。

表2.8　強積金的基金資產分布（截至2020年6月30日）

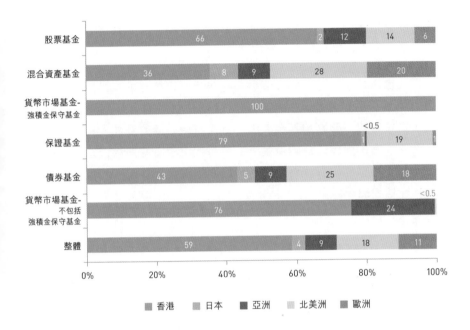

資料來源：《強制性公積金計劃統計摘要》，2020年9月

2. 集中管理賬戶

打工仔每次轉換工作，都會新增一個強積金賬戶，但是太多賬戶不止難於管理，而且過分分散亦會影響投資策略，因此管理強積金的第一步，是整合所有賬戶，集中管理。

如果大家忘記了自己有多少個強積金賬戶，可在網上或親身到積金局查詢個人賬戶紀錄，然後再聯絡受託人查詢賬戶計劃名稱和號碼，再按費用、服務和基金表現，選定一個心儀的受託人和計劃，先轉移原有的保留賬戶的資金，之後每次跳槽時便把舊公司的強積金轉移，這樣你只會保留這個自選計劃，以及現有僱主的強積金賬戶，一切便簡單得多。

投資－結構性及衍生工具

衍生工具的故事：逃過雷曼一劫

在香港的金融史上，雷曼迷債肯定是重要事件之一。當年一班雷曼
迷債苦主曾經天天在中環示威，抬棺材、撒冥紙，令人記憶猶新。
2007年市道仍然非常暢旺，當時的我正在滙豐銀行的零售銀行部
任職，雷曼聯絡我們推銷迷債這種結構產品，我思慮過後，以產品
本身的收益不算太高（約5厘至6厘）但風險卻不低為理由，拒絕了
對方。記得當時坊間有不少散戶都有購入這種產品，前線同事更一
度抱怨說：「為何有生意不做？」之後雷曼倒閉、迷債爆煲，大家才
慶幸逃過了一劫。

自此，投資者總會將結構性產品與「炒作」和「高風險」扯上關係，
有多少投資者知道結構性產品的起源？結構性產品在金融市場上又
有何重要作用？

結構性產品的起源

期貨和期權最初是用來對沖商品價格風險，例如面對石油價格波
動，一些經常要消耗石油的企業（如航空公司），可以利用對沖操
作把價格鎖定在可接受水平，並非單純只有炒作。其後，隨着金融

市場的發展，期權廣泛地應用到不同的資產類別，包括股票、貨幣及指數等，並稱為衍生產品，因為它們是從市場的基礎資產衍生出來的，基礎資產決定了衍生產品的定價、風險和基本期限結構。

散戶投資者可能聽過的衍生工具包括：期貨、期權、認股權證、牛證和熊證，至於近年在銀行產品中頗受歡迎的結構性產品就包括雙幣種存款和股票掛鈎票據，兩者都與看漲或看跌期權相關。

什麼是期權？

買方付出期權金（Premium），以換取在合約到期前，以特定價格（行使價）買入或沽出特定數量相關資產的權利。

	認購期權 (Call Option)	認沽期權 (Put Option)
買入 /長倉 (Long)	買入認購期權 (Long Call) 看好後市，付出期權金以槓桿捕捉相關資產升幅 最大回報：無限大 最大損失：期權金	買入認沽期權 (Long Put) 看淡後市，付出期權金以槓桿捕捉相關資產跌幅 最大回報：當相關資產跌至 0 最大損失：期權金
沽出 /短倉 (Short)	沽出認購期權 (Short Call) 預期相關資產偏向下跌， 升幅有限，沽出認購期權賺取期權金 最大回報：期權金 最大損失：無限大	沽出認沽期權 (Short Put) 預期相關資產偏向上升， 跌幅有限，沽出認沽期權賺取期權金 最大回報：期權金 最大損失：相關資產跌至 0

買入認講或認沽期權需要付出期權金，以換取在合約訂明的期限前，利用訂明的行使價買入或沽出正股。看好正股前景的投資者，便會考慮買入認購期權，原因是期權具有槓桿成份，能夠放大升幅，反之亦然。不過，亦有投資者會因應市況，同時以正股和相關期權，組合出不同的投資策略。

期權的回報[3]

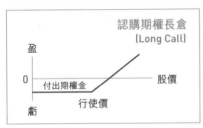

利潤：來自相關資產價格上升所帶來的潛在利潤；
最大虧損：所付期權金。

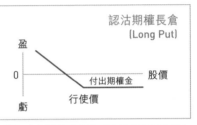

利潤：來自相關資產價格下跌所帶來的潛在利潤；
最大虧損：所付期權金。

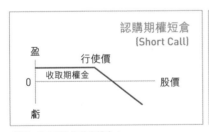

利潤：來自所收取的期權金；
風險：相關資產價格上升所帶來的潛在虧損。

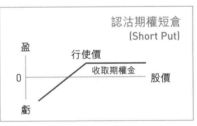

利潤：來自所收取的期權金；
風險：相關資產價格下跌所帶來的潛在虧損。

3　香港股票期權投資指南：https://www.hkex.com.hk/-/media/HKEX-Market/
Products/Listed-Derivatives/Single-Stock/Stock-Options/Publications/
Stockoption_handbook_c.pdf

例子： 假設 A 公司的股價是 50 元，每手股數為 100 股，以期權金 2 元買入行使價為 50 元的認購期權，比對買入正股和買入認購期權，以下為兩者之間的成本差異和盈虧分析：

	A公司股票	買入A公司認購期權
正股股價/ 期權行使價	50元	50元
成本	5000元（每手100股）	2元X100=200元
打和點（每股）	50元	50+2=52元
假設：正股上升20%	+1000元 （回報：+20%）	+1000-200=+800元 （回報：+300%）
假設：正股下跌20%	-1000元（虧損：20%）	-200元（虧損：100%）

* 上述例子不包括佣金和其他所需費用

什麼是備兌認購期權策略？

所謂備兌認購期權策略（Covered Call Strategy），是同時持有正股，並且沽出該股的認購期權。一般情況有 3 個：

假設投資者在 50 元買入 100 股 A 公司股份，同時以每張 2 元的價格（期權金），沽出 100 張行使價為 55 元的認購期權。

① 當正股股價上升至53元，並且高於原有買入價50元，但卻低於認購期權行使價55元

 股價升幅為
($53 - $50) x 100 = $300

 期權金為
$2 x 100 = $200

 由於期權為「價外」，因此不會被行使

 整體回報 = 股價升幅 + 期權金
= $300 + $200 = $500

整體收益得以增加

② 當正股股價持續上升至57元不僅高於原有買入價50元，同時升穿認購期權的行使價55元

 股價升幅為
($55 - $50) x 100 = $500

 期權金為
$2 x 100 = $200

由於期權為「價內」，因此會被行使，並以行使價$55向期權買家沽出正股

 整體回報 = 封頂後升幅 + 期權金
= $500 + $200 = $700

收益升至行使價時封頂

③ 當正股股價下跌至45元，同時低於買入價50元和行使價55元

 股價升幅為
($45 - $50) x 100 = -$500

 期權金為
$2 x 100 = $200

由於期權為「價外」，因此不會被行使

 整體回報 = 股價跌幅 + 期權金
= -$500 + $200 = -$300

整體損失因而收窄

2

從以上的例子可見，備兌認購期權策略的回報取決於期權行使價和正股股價的走勢。

沽出認沽期權

沽出認沽期權的策略，最常見於銀行的外幣掛鈎存款服務，當中包括定期存款及沽出另一貨幣的認沽期權。投資者首先要選擇一種存款貨幣（一般為港元或美元），再選擇另一種掛鈎貨幣（必須為非存款貨幣）及兌換率。投資者（存戶）在設立掛鈎存款時，等同向銀行沽出你所選擇掛鈎貨幣的認沽期權。

情況一：如果外滙的價格高於掛鈎存款的行使價，有關認沽期權便不會被行使，存戶可收回本金及議定的利息（比活期或定期存款利率較高）。

情況二：如果外滙的價格低於掛鈎存款的行使價，銀行便會將本金和利息，以合約議定兌換率兌換成外幣，再歸還予存戶。

沽出期權操作實際例子

a. 子女海外升學

外幣掛鈎存款的投資者，一般並非單純為了收取高息，而是對掛鈎貨幣有實際需求，例如需要以外幣支付子女海外升學的學費，或者繳付海外物業的按揭支出。

b. 大戶沽出持股

大戶在沽出手頭上的持股時，也可能會利用期權操作，一方面避免被外界視為財政出現問題而須大手沽貨套現，另一方面可透過沽出正股的認購期權，獲取期權金。

c. 合成 ETF

ETF 大家聽得多，究竟 ETF 是如何做到模仿個別指數的表現？傳統的方法是實物複製 (Physical Replication)，盈富基金 (02800) 便是其一，會直接購買 55 隻藍籌股，且基金的比重亦盡量貼近恒指。另一方法則是合成複製 (Synthetic Replication)，透過買入各項金融衍生工具或掉期，從而模擬所追蹤指數的表現，XTR 滬深三百 (03049) 是例子之一。

當中涉及風險

以上例子可見，結構性產品並非單純用以炒作，例如買入認購期權的投資者，部分原意是希望獲得額外收益之餘，並不介意以折扣價買入正股 (即俗稱的接貨)，否則單純基於高息而買入結構性產品並不明智。但風險在於，如果掛鈎的股票或商品大跌，則投資者即使明知會面對損失，也要被迫接貨。

此外，部分投資產品如合成 ETF，內含金融衍生工具，當中涉及供應商的交易對手風險，其餘常見的風險還包括發行商風險、流動性風險及槓桿風險等。

一些結構性產品有獨有的風險，例如牛熊證，當市況極其波動，追蹤標的價格裂口高開或低開，便可能觸發強制收回 (即俗稱的打靶)，最壞情況下投資者可能會損失全部本金。

提醒你

衍生工具並不一定是高風險的玩意,我自己就經常涉足股票掛鈎票據(ELN)市場。

假設恒指現時處於25000點,而歷史區間是在23000點至28000點上落,如果投資者做了一個掛鈎盈富基金的ELN,並設定以九折接貨,由於盈富基金是ETF,本身已分散了投資,那麼,投資者承受的只是大市升跌的風險。

對於一些較高風險的個股(例如科技股),我就傾向再保守一點,以八折接貨,換言之,跟現貨價有20%的緩衝,中間既可以賺取期權金,同時也有望以較低的水平入市,當所掛鈎的股票或指數反彈後,我便會沽出獲利。在我的經驗中,這種操作反而更加進可攻、退可守,不用怕高追,期間也有一定的收益。

2.8

保險

在小時候，父親是我們家庭的經濟支柱，他辛勤工作養活一家五口，所以他購買了長期人壽保險，以防萬一發生不幸，也可以保障家人。當我投身社會，並在一家跨國銀行負責區域財富管理部門時，人壽保險業務是主要產品線之一，當時我發現不少同事和客戶都較專注於投資產品，卻沒有意識到購買個人保險的好處，產生這種誤解的原因之一，相信是因為他們着眼於保險與投資產品的收益比較，忽略了風險管理的需要。

不過，近十年本港的保險市場已日益成熟，隨着香港家庭的財富不斷累積，再加上生活成本持續上升，同時儲蓄利率卻處於較低水平，保險的概念也漸漸由人壽保障及危疾理賠，擴展至財富積累和財富傳承。市面上的保險五花八門，有時難免令人難以全面理解，為了幫助讀者輕鬆地了解選擇合適自己的個人保險，我嘗試以咖啡這種大家都熟悉的飲品來做比喻。

保險如飲咖啡　糖奶任君選擇

喝咖啡的人，都知道咖啡只是一個廣泛的統稱，有人喜歡加滿泡沫的 Cappuccino，有人就偏愛加奶的 Latte，但所有意式咖啡的花樣，基底都來自一杯最純粹的意式特濃咖啡（Espresso）。

Espresso：在保險產品中的 Espresso，便是定期人壽保險。這種保險能提供最基本的要素，目的也最純粹，就是在面對嚴重殘疾或死亡的情況下，向受益人（通常是家人）提供財務保護。

Latte：當你添加牛奶來減少特濃咖啡的苦味時，Espresso 變成了 Latte，就像添加了具保證現金價值和額外（非保證）獎金的長期人壽保險。

Cappuccino：一杯牛奶泡沫豐盈的 Cappuccino，則就似投資連結保險一樣，有可能為你帶來更高的潛在回報，但隨之而來的是更高的潛在風險。

Mocha：在冬季時，添加了巧克力牛奶的咖啡，化身為 Mocha，就像年金保險在冬季（退休後）為你帶來溫暖而甜蜜的定期現金流。

希望透過咖啡這個比喻，讀者能簡單地分別不同類型的保險產品。除了這些基本保險類型外，以下一些新式的保險產品，包括合資格的醫療和年金計劃，除了提供保障，更可以用來扣稅，各位不妨考慮利用它們來節省一些金錢。

2

低息下的儲錢方案——短期儲蓄壽險

在低息環境下，與短期儲蓄相關的壽險計劃應運而生。通常，投保人要在3至5年內支付保費，而在保單到期時，投保人可獲：(1)最低的累計保證回報，(2)潛在的額外回報（非保證）。由於這是一項保險計劃，所以往往會附有人壽保障的理賠利益。

投保人購買短期儲蓄壽險計劃，要承受什麼風險呢？一般而言，就是保險公司的信貸風險（保險公司的信貸評級愈差，潛在的收益就愈高，從而補償投保人承擔的風險），而有保證和無保證的潛在紅利，都受制於保險公司的信貸評級及其投資收益。至於保險公司將你的資金來投資於什麼地方，就基於保險公司所在地和經營許可的規定。

提醒你
投資不忘年期

如果沒有時間學習投資、或對投資不感興趣，透過儲蓄壽險來為自己累積財富，絕對無可厚非，這些工具的原理是由保險公司替你把資金投資，並以較長年期來換取回報。

然而，投資要講究量力而為，我們要特別注意一些長年期的儲蓄壽險計劃，並且認真問問自己到底能否作出長遠的投資承諾。舉個例，在10年或15年後，自己的需要及收入會否改變？而這些改變又會否影響我的投資計劃？因為在一些儲蓄壽險計劃，投保人一旦退保，將會面對較大的損失。

有尊嚴地對抗疾病──醫療保險

醫學日益進步，以往被視為難以治療的頑疾，現在都有更多治療方法，問題是若我們想獲得更好的醫療服務，便可能須付出較昂貴的成本，因此需要購買醫療保險。許多公司都有為員工提供醫療保險，為什麼打工仔仍須額外購買醫療保險？原因是保險這回事，一定是愈遲買愈昂貴。當你想購買新一份醫療保險時，任何現有的健康狀況都可能無法覆蓋。因此，如果你打算在退休之後才購買醫療保險，費用就會更高。如果預算有限，建議可以先考慮危疾病保險；如果預算允許，則可以考慮在公司保險以外，為自己添加全面的住院和手術保險，即使離開現有公司，也得以繼續享有保障。

私人銀行客戶最愛──萬能壽險

「有錢人何需買什麼保險！」我在金融界打滾多年，常聽到這句話，但事實並非如此，尤其是偶爾聽到一些富豪的遺產爭議新聞，就更能反映建立信託或使用個人保險，可以大幅地減少一些家庭成員的糾紛。

其實對於富人來說，利用槓桿來實現「本小利大」，才是創造財富的最常見方式。因此，「萬能壽險」近年一直都非常受高資產淨值客戶歡迎。假設一名富豪想把1億元資產留給家人，又因為業務上有現金需要，不想鎖定這1億元的資金，便會購買這種具有1億元保額的萬能壽險，一次性地支付三分之一，即3000萬元保費（實際保費將根據投保人的年齡、生活方式、健康狀況及其他承保條件而定）；由於保險公司或分銷銀行可提供70%的保費融資，換言之，投保人可以

理財工具的運作

從保險公司或分銷銀行借款 2100 萬元（3000 萬 X 70%），結果用於 1 億元保障的實際所需資金僅為 900 萬元（3000 萬的 30%）。

要注意的是，當實際理賠發生時，如果投保人尚未償還 2100 萬元的貸款，則受益人將僅收到 7900 萬元而不是 1 億元，而且該保單持有人需要支付該 2100 萬元借入金額的利息。有些投保人會把這 1 億元的保護金額分配予多個家庭成員，因此這種「萬能壽險」可以將保險金額分為多份獨立的保單，以避免將來任何潛在的糾紛。

還有一點要注意，這類產品是一項終生承諾，一旦購買了保單，即使財務狀況出現變化，也要付出非常高的成本，才能取回部分本金。

將資產轉換為現金流──保單逆按、安老逆按揭

很多香港人都有一個共通點，就是「資產富裕、現金貧窮」（asset rich、cash poor），大部分「身家」都是樓宇的價值。近年推出的安老按揭計劃，便旨在讓那些擁有豐富資產但缺乏現金流的人士，利用住宅物業作為抵押品，從而獲得每月收入。

在安老按揭貸款下，借款人可選擇固定或終身的年期內每月收取定額年金，亦可提取一筆過貸款以應付特別情況。當安老按揭貸款終止時，物業業主（或其遺產代理人）可優先全數清還安老按揭貸款以贖回抵押物業，否則貸款機構將出售抵押物業以清還相關貸款。如有差額，將由按證保險公司根據與貸款機構的保險安排承擔。如有任何餘額，貸款機構就會退還給物業業主。

同一道理，保單逆按讓借款人利用壽險保單作為抵押品，向貸款機構提取保單的逆按貸款。借款人可選擇於固定或終身的年期內，每月收取年金至壽險保單到期為止。如果借款人身故，而他的賠償金額超過了逆按貸款的總結欠，在清還保單逆按貸款後，貸款機構就會把剩下的金額還給遺產代理人；倘若資金不足以清還保單逆按貸款，承繼人亦毋須擔心，因為該差額會由按證保險公司承擔。

3

找對好夥伴

香港的投資工具五花八門，但不是所有金融機構都能提供所有工具。舉例說，大家在保險公司就買不到衍生工具、在基金公司也買不到儲蓄性保單。其實在我多年與客戶接觸的經驗中，很多人也搞不清楚到底不同金融機構有何分別。

所以，在着手理財之前，我們先要尋找適合自己的夥伴，並問自己以下5條問題：

1. 我有多少資金需要交由金融服務供應商管理？不同金融機構的開戶金額及門檻都有所不同？

2. 我需要怎樣的金融服務？是傳統的分行網絡，還是新興的電子渠道？

3. 我需要什麼金融產品？哪些機構只集中在單一產品，哪些則會提供全面的投資工具？

4. 我需要怎樣的服務質素？哪些機構會提供專人跟進及度身訂造的理財建議，哪些則只會執行客戶的理財指令？

5. 金融服務供應商持有什麼牌照？哪些會提供行使交易指示、投資諮詢服務，或全權委託投資服務？

對於香港的散戶而言，究竟誰是他們的理財好夥伴？投委會的「零售投資者研究2019」調查就發現，大部分零售投資者傾向依賴二手資訊，而沒有自己「做功課」，股票投資者稱「朋輩和家人的建議」（82%）對他們最具影響力，其次是財經新聞（78%），只有28%的受訪者會留意公司公告和通知【圖3.1】。

在這一個章節，我會詳細解釋一下香港常見的各類理財夥伴，助你在理財路上能更加暢順前行。

圖3.1　影響交易決定的重要資訊來源

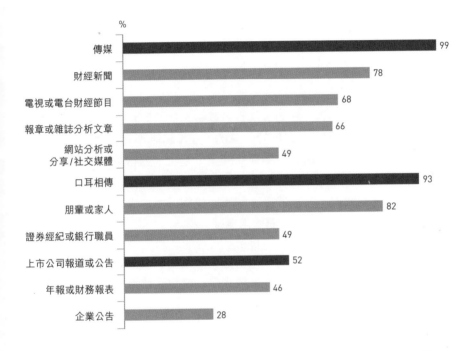

%

傳媒	99
財經新聞	78
電視或電台財經節目	68
報章或雜誌分析文章	66
網站分析或分享/社交媒體	49
口耳相傳	93
朋輩或家人	82
證券經紀或銀行職員	49
上市公司報道或公告	52
年報或財務報表	46
企業公告	28

資料來源：投資者及理財教育委員會；截至2019年9月24日

零售及私人銀行

由存款、貸款、外滙、股票、債券、基金、保險到衍生產品，銀行可說是集眾多財富管理工具於一身的「投資超級市場」，好處是方便而且分行多，近乎所有人都會有一個或以上的銀行戶口，要做各類投資，在綜合戶口轉賬便可以，相當方便。而且銀行普遍信譽良好，穩定性也較高，所以不少人都傾向藉銀行處理大額交易。但相對於證券行，銀行的股票交易費用無疑較高。

銀行又可細分為零售銀行及私人銀行，零售銀行主要是服務普羅大眾，他們獲得的貼身服務不多，買賣都是要自己落盤，也難以得到銀行提供的深入投資分析。

私人銀行則設有一定的門檻，服務對象是高淨值客戶，別以為高淨值客戶就一定非常了解投資，他們本身從事的業務可能非常單一，即使財富達到開立私人銀行戶口的要求，但未必懂得投資，要靠別人幫忙。在私人銀行，會有客戶關係經理（Relationship Manager，RM）專門提供投資建議和研究分析報告，甚至是度身訂造的理財服務。

隨着科技的進步，虛擬銀行迅速冒起，為近年傳統銀行帶來嶄新挑戰。虛擬銀行既沒有分行，員工數目又少，成本自然便宜得多，再加上新一代已習慣在網上處理日常事務，虛擬銀行正好能配合他們的需要。不過，虛擬銀行暫時仍然以吸納存款或借貸為主要業務，在財富管理方面仍有待發展。

	零售銀行	私人銀行
門檻	• 普通理財戶口沒有客戶經理，需要自行於網上交易 • 沒有開戶門檻 • 中階理財戶口（提供客戶經理服務），門檻一般20萬美元／200萬港元 • 半私人銀行服務，門檻約800萬港元或100萬美元	• 私人銀行門檻一般為500萬美元 • 大行門檻可達2000萬美元
服務	• 投資和保險服務	• 投資和保險服務 • 財富傳承
產品	• 一般投資和保險產品 • 高息存款 • 衍生性產品（需要按批次購買）	• 零售銀行的投資產品 • 專屬衍生性產品 • 信託基金 • 大額保險（傳承用途）
建議	• 一般不會提供股票建議，亦沒有分析研究報告 • 甚少提供債券建議	• 提供投資建議和研究分析報告 • 債券投資建議較多，甚至有銀行提供坐盤交易，債價差較少

基金管理公司

筆者長時間在基金管理公司工作,了解當中的運作。在香港,提供個人客戶服務及直接銷售服務的基金公司不多,會銷售其他公司產品的更是寥寥可數。另外,一般人接觸基金公司的機會,就是透過強積金,坊間有幾家主要基金公司都有提供強積金管理服務,僱員在離職後,可能會找基金公司了解賬戶安排及強積金管理。

基於業務定位,基金公司的客戶團隊規模較小,遠不及銀行、保險公司和證券公司,但是對環球投資市況就比較熟悉,前線銷售人員對不同行業和資產類別也有較深了解。部分提供個人服務的基金公司,門檻未如私人銀行般高,但已相當於銀行的優先理財服務級數。

如果客戶透過個別分銷銀行購買基金,並且認為銀行前線客戶經理的講解不太清楚,亦可以直接聯絡基金公司詢問產品的資訊;即使不是直接在基金公司開戶買基金,但是基金公司網站上有很多資訊,有基金公司甚至會做網上直播講解市況,向客戶提供資訊。

銀行的服務大同小異,分別只是存款利率和服務費用有高低,但是基金公司就各有風格,有些專注於新興市場,有些就以固定收益著稱。

保險公司

保險公司的優點是人多勢眾,人力資源龐大,相比起銀行和基金公司,從業員來自不同背景,容易跟客戶產生連繫。我們身邊總不乏親友從事保險工作,他們多以服務貼身見稱,重視建立關係,即使周末或下了班,都樂意與客戶接洽。

保險公司一般着重保障、醫療及退休儲蓄,近年也開始着重投資產品,例如投資相連壽險計劃(簡稱投連險),但是前線從業員不會作出投資建議,也甚少向客戶講解當下經濟情況會如何影響保險資產,他們所提供的資料以市場訊息居多,如果沒持有牌照(證監會的4號牌)就不能主動地就個別投資產品提供買入或賣出意見。

近年保險公司還提供財富傳承計劃,例如針對退休開支的年金計劃,購買人在退休後可每月「出糧」,或者在身故後把餘額轉移到遺產受益人,其作用跟成立信託和設立平安紙類似。

3.4

證券公司

證券公司一般分為兩種，一種是數碼化證券行，只提供以手機應用程式或網站落盤。另一種是傳統的證券公司，有「駐場」的證券經紀提供個別股票的資訊及服務。近年證券公司的主要盈利來源是提供孖展交易，在配售和新股上市比較進取，借貸成份比較多，而在證券交易方面，由於競爭愈趨激烈，證券行爭相降低交易佣金，盈利能力已經大不如前。

究竟應該選擇銀行抑或證券行買賣股票？大家首先要考慮自己需要什麼服務，是否重視落盤速度、時滯問題、與掛買賣盤相關的資訊及孖展交易安排等。在證券行，涉及銀碼較大的客戶會有專人「睇盤」，但銀行的證券交易一般沒有這種服務。

香港證券行的交易費用一般較銀行低，因而一直有捧場客，而銀行證券交易服務連繫客戶的綜合戶口，轉賬比較方便，銀行的信譽也是優勢，因此不少投資者的大銀碼交易，都傾向透過銀行進行。

傳統上，香港證券行較為專注於股票交易，基金銷售並非主打服務，基於證券業人士比較着重交易次數和佣金，所以並不熱中於基金銷售。

隨着科技發展，金融數碼化勢在必行，銀行和保險公司無論在產品種類和平台發展上都急急轉型，而且年輕一代很容易透過網上接觸到外國經紀服務，這些外來競爭對手的交易費用非常低，因此，本地傳統證券經紀行的生存空間已大為收窄。

3.5

獨立理財、投資顧問公司

獨立投資顧問（IFA）會與客戶簽署全盤委託協議，公司向客戶提供顧問服務，同時收取交易佣金和授權管理服務費用，因應客戶需要提供決策建議，並且多數會以股票與債券建立模型組合（model portfolio）。

IFA優勝之處在於其獨立性，能做到貨比三家，而且產品選擇多，除了一般的基金，還包括直接債券及保險等產品，因此以前香港有不少專業人士會在IFA開戶，但隨着銀行提供的產品和服務愈來愈多元化，IFA也漸漸被邊緣化，難以跟銀行抗衡，再加上亞洲投資者不習慣在產品供應商之外有多一個顧問公司，亦不希望支付顧問費用（不少人認為：給我意見而已，為何要收費？）。逐漸地，能提供整全服務的IFA已經不多。

理論上，投資者不應就着不同投資（例如定存、股票及債券等），找不同的幫手，而是應為自己的財富作一個全盤分析，這方面IFA其實是理想的夥伴；然而，在實行上卻談何容易，除了客戶不太接受顧問模式之外，香港也沒有一個如信貸資料庫（TU）一樣的財富綜合式資料總滙，投資者財務資訊散落在不同金融機構手中，因此，IFA若要提供全面服務，必須要有相關基建配合，這便視乎監管機構的取態、各類金融機構是否願意合作，以及如何解決私隱問題。

大眾傳媒、財經分析員

不少香港投資者透過大眾傳媒獲得財經資訊,有部分傳媒會邀請財經分析員在港股交易時段的直播節目、新聞節目,甚至是talk show,充當客席主持,解答觀眾的電話提問,並分析一些公司和行業的投資機會,因而成為部分投資者依賴的財經資訊渠道。

1. 財經分析員

財經分析員一般與個別金融機構有連繫,當然亦有部分是獨立的,他們會給予一些關於股票的方向性意見,即時做一些報道、描述和分析市場狀況,例如會提到當日最大成交、最大升跌幅的股份,以及相關企業消息。

一般來說,銀行和基金公司的分析員在接受傳媒訪問時都會很小心,甚少提及個別股份,但是財經分析員在電視節目上可以為觀眾提供很多意見。大眾傳媒是一對多的媒介,很多人會從財經節目中接收到不同資訊,問題是觀眾的背景非常參差,需要亦大有不同,分析員意見並非個人化的參考資訊,部分觀眾對投資市場或股票未必有足夠認知,可能會不求甚解。即使大眾聽了這些分析員的建議而蒙受投資損失,亦不容易作出投訴,因為分析員沒有在觀眾身上

直接獲取實際利益。筆者認為，財經分析員有存在價值，但觀眾也要保護自己，不要把所有資訊照單全收。

2. 大眾傳媒

由於電視節目和報章報道均受時間和篇幅限制，有的報道比較「標題黨」，集中於描述資產或市場表現，之後便會跳到結論，對市場或產品認識不足夠的讀者，可能未必跟得上。

在市場波動時，由於傳媒報道偏向描述性，負面報道較多，也更容易吸引讀者眼球，平衡報道可能不足夠。其實在市況未如理想時，散戶更需要深度分析，才能了解市場在低位或調整時，可能是買入優質資產的機會；相反，當一些板塊出現顯著反彈，並成為報章頭條時，若果散戶此時看到了報道才入市，又可能已經太遲。

由於報紙是每天出版的，以報道新聞消息為主，投資者如有額外時間，可多看財經周刊（或月刊）的深入分析，以及一些專業及有信譽的外國財經刊物。我早晚都會閱讀《華爾街日報》網站的付費內容，該網站數據和分析兼備，內容非常有深度。另外，我每星期均會看《經濟學人》、每月看《信報月刊》及美國麻省理工的科技評論，希望能與時並進，緊貼環球頂尖資訊的發展。

在吸收傳媒的資訊及分析時，我習慣了與自己的想法作比較，找出當中的異同，我認為這才能保持批判思考。

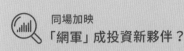

同場加映
「網軍」成投資新夥伴？

2021年初，美國股市發生了一件前所未有、全球矚目的事件：美國遊戲公司GameStop（GME）遭沽空機構香櫞（Citron Research）高調沽空，隨即引起美國網民強烈不滿，在美國網上論壇Reddit討論區wallstreetbets中，散戶號召同道中人透過買入股票聲援GME，令該股票一度暴升2740%，沽空機構在這一役中損手而回。

雖然隨着GME的股價自高位大幅回落，事件漸告平息，但值得留意的是，有別於傳統的投資夥伴如銀行或理財顧問，這些網上平台異軍突起，成為新世代投資者的夥伴。「網軍」連成一線，以部落形式反擊「大鱷」，其特性有數點。

首先，有別於機構投資者，他們不一定看基本分析，也沒有系統性的投資框架，而是更重視技術分析及短期趨勢。

其次，網軍會號召同路人馬加入，但由於沒有傳統上所謂的莊家「搭棚」，只是散戶的群起反應，因此較難監管。

第三，傳統銀行或證券行的網站，不會設立一個社交平台聚集客戶談論股票，但一些新興的網上證券行，會提供平台讓客戶互相討論，同時又能以同一個證券戶口進行交易，加速了基於即時資訊而作出投資反應的速度。

在此我想提醒大家，於網上參考別人的投資部署時，要小心行事，不要盡信，因為我們無從判斷對方的背景及真實想法，對方何時買入、何時沽出也無從稽考。

3

找對好夥伴

理財夥伴的特色及限制

總括而言，不同理財夥伴的商業模式（例如收入來源）都不同，各有其特色，也有其限制。

私人銀行以富豪級數（流動和可投資的資產值為500萬美元以上）的客戶為服務對象，由於達到此門檻的客戶不多，因此私人銀行家的人手規模較為精緻，但要求就相當高。私人銀行會聘請一批技能高、經驗豐富的私人銀行家，再加上不同的投資專家和產品經理，從一批擁有良好信譽的產品供應商之中，為客戶選取多元化和度身訂造的產品，當中包括了投資、保險、貸款、家庭信託服務等，而這些產品需要符合其較高的盡職審查標準。

零售銀行的客戶群較為廣泛，所以團隊也龐大得多。零售銀行客戶經理須接受一系列理財產品和技能培訓，從而向一些較富裕但又未達富豪級數的人士（流動和可投資的資產值為100萬港元以上），提供一些標準化和「打包」的理財方案。

保險公司的團隊最為龐大，從業員數以萬計。保險公司會從各行各業聘請人才，以覆蓋所有客戶群，重點關注客戶的員工福利、健康、退休金、長期人壽、投連險和財富轉移方案等。保險公司收到客戶的保險費，除了用作支付保險索賠費用、併購、再保險以抵消部分風險外，還會把剩餘資金投資於長期優質債券、股票和房地產市場，以配對客戶的長期保險責任。

證券經紀行提供的服務集中在技術驅動、快速便捷的股票交易,以及股票保證金借貸服務(即孖展),以處理頻繁和大量的零售買賣訂單。

香港大多數基金管理公司只專注於投資管理工作,而讓銀行、保險公司和獨立投資顧問等中介機構為個人客戶提供建議和服務。

以上的投資夥伴,有些純粹提供買賣執行的平台、有些提供諮詢服務,有些則負責全權管理組合。一般而言,私人銀行、零售銀行、人壽保險公司和獨立財務顧問的主要收入來源是客戶交易的佣金,以及管理費用;而證券行經紀的收入來源,則主要是交易佣金和孖展利息收入。

提醒你

許多人認為股票的交易佣金遠低於基金(或基於資產的財富管理賬戶)管理費,但他們或者忽略了一點,就是如果頻密地在股票市場進進出出,交易佣金和買賣股票的價差,隨時會高於資金管理或全權委託賬戶的費用。因此,在考慮不同的投資夥伴時,我們的重點不應在於每筆交易的成本,而是所選的工具、賬戶或服務類型的總潛在成本。

4

無忘初衷
目標為本

在上一個章節中，大家會發現，雖然市面上的理財夥伴有很多，包括了銀行、基金公司、保險公司、證券行、獨立理財顧問及大眾傳媒等，但在提供理財工具及投資建議時，他們都各有限制。

一個人的資產範圍可以很廣，香港人擁有數個銀行戶口相當普遍，可能以 A 銀行戶口出糧、在 B 銀行做物業按揭供款，C 銀行又放了一些存款及股票等，還未計入強積金戶口、其他證券經紀行戶口，甚至是一些海外物業等。即使閣下在銀行有客戶關係經理跟進，也

慣常把日常理財事宜交託他人，但客戶關係經理往往只有你片面的財務資訊，難以作出全面的分析。就算你肯把自己的「身家」和盤托出，但受到監管所限，客戶關係經理也難以為你提供全面的理財建議。

說到底，最能明白自己的，還是自己。究竟本身有什麼財務上的需要？應該如何開始投資？又有什麼目標想達成？好像每個人都想發財，但若然只是單純一句「我要發達」，只是夢想式的叫喊，對於理財並無實際意義。

腳踏實地的做法是，首先全盤檢視自己（及家庭）的財務狀況，以及在人生路上不同階段經常面對的重大開支，例如置業、子女教育，以及退休規劃等。在這個章節，我會助讀者深入了解自己的財政狀況，並且根據個人實際需要，定下一些中長期的投資目標。

誰能明白我

儲蓄態度:過分極端?

相比起很多國家,香港人儲蓄習慣頗為良好,也相當有財力。根據投委會在 2019 年進行的「零售投資者研究 2019」調查,香港人平均持有 100 萬元流動資產【圖 4.1】,而且有 49% 的受訪港人有每月儲蓄的習慣。

圖 4.1　港人持有流動資產分布

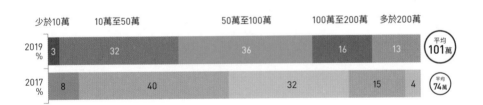

調查基礎:2019 年受訪人數 =1013;2017 年受訪人數 =1002

資料來源:香港零售投資者研究 2019

但若我們仔細看一看儲蓄分布，便可以看出香港人的儲蓄習慣不是太保守，就是太進取。多達七成受訪人士表示將儲蓄存於銀行戶口，另外只有不足四成人涉獵金融投資產品，當中以買賣股票的最多（佔36%，反而買賣債券和敍造定期存款的只屬少數（12%）【表 4.1】。

表 4.1　過去 12 個月的儲蓄方式

	整體		學生	年輕 在職人士	較成熟的 在職人士	準退休 人士	退休 人士
	2015 %	2019 %	2019 %	2019 %	2019 %	2019 %	2019 %
存入儲蓄戶口	62	73	63	79	80	79	61
買入金融投資產品	25	39	2	15	56	56	27
買入股票	N/A	36	2	15	53	52	25
債券或定期存款	N/A	12	2	3	14	17	8
加密貨幣或 首次代幣發行	N/A	1	-	1	1	-	1
將儲蓄存放家中或 銀包內	35	37	32	35	41	38	38
強積金和公積金以外 的儲蓄或投資方式	7	15	2	12	20	20	9
託家人代為儲蓄	12	14	17	15	17	14	12
在過去 12 個月 並無儲蓄	12	16	25	14	9	9	26

調查基礎：2015 受訪人數 =1,000；2019 年受訪人數 =1,002 人；
受訪學生 =71 人；受訪年輕在職人士 =118 人；受訪成熟的在職人士 =351 人；
受訪準退休人士 =160 人；受訪退休人士 =118 人
資料來源：香港零售投資者研究 2019

在過去20年，MSCI世界指數錄得250%的累積回報，但其實彭博巴克萊環球綜合債券指數的同期回報也有150%，如果大家把部分資金放在債券身上，總體回報已經提升了不少。

花錢態度：先使未來錢？

在花錢的態度上，有近六成的受訪者認為錢是賺來花的，只有不足三成人認為長遠來看，儲蓄較花錢更重要，這種想法在學生和初出茅廬的年輕人尤為普遍【表4.2】，他們當中有超過一半人都表示出糧後不時會超支，因而難以維持生計，甚至有部分人會貸款買入心儀的東西或作其他消費【表4.3】。

表4.2　儲蓄態度調查

在5分評分標準中選取最高分兩項	整體		學生	年輕在職人士	較成熟的在職人士	準退休人士	退休人士
	2015 %	2019 %	2019 %	2019 %	2019 %	2019 %	2019 %
錢是賺來花費的 *	67	58	74	70	64	49	57
我認為從長遠看花錢比儲錢更令人滿足 *	27	29	55	44	30	26	23
我傾向活在當下 ~	38	25	55	48	19	19	31

調查基礎：2015受訪人數 =1,000；2019年受訪人數 =1,002人；
受訪學生 =71人；受訪年輕在職人士 =118人；受訪成熟的在職人士 =351人；
受訪準退休人士 =160人；受訪退休人士 =118人

＊評分標準，「1」表示「完全同意」，「5」表示「完全不同意」

～評分標準，「1」表示「完全」，「5」表示「一點也不」

資料來源：香港金融理財知識和能力研究2019

表4.3　偶爾出現的消費情況

在5分評分標準中選取最高分兩項	整體	學生	年輕在職人士	較成熟的在職人士	準退休人士	退休人士
	2019 %	2019 %	2019 %	2019 %	2019 %	2019 %
沒有格價而買貴了	60	61	71	65	53	61
過度消費而入不敷支	45	56	61	45	41	46
投資時只聽其他人建議而沒有自我研究	27	-	10	30	34	31
透過借貸買入心頭好	12	21	23	14	4	8
在沒有實際需要時因條款吸引而借貸	7	1	8	10	4	5
花一年或以上的使費去旅行(透過借貸或信用卡貸款)	3	3	5	3	1	3
沒有	25	21	17	21	30	28

調查基礎：2015 受訪人數 =1,000；2019 年受訪人數 =1,002 人；
受訪學生 =71 人；受訪年輕在職人士 =118 人；受訪成熟的在職人士 =351 人；
受訪準退休人士 =160 人；受訪退休人士 =118 人
資料來源：香港金融理財知識和能力研究 2019

看罷香港人普遍的理財作風及取態，大家又會如何評價自己呢？不妨先問問自己以下3條問題：

Q：你有沒有先使未來錢的習慣？
Q：跟一般人相比，你每月的儲蓄佔收入多少？
Q：跟一般人相比，你的投資風格是傾向保守還是進取？

儲蓄（及投資）是為了累積財富，成就我們在不同人生階段上的目標，這些目標大致可分為兩種，一種是為了短期支出，例如購買奢侈品、滑雪度假、結婚、置業甚至是生兒育女等；另一種則是為了更長遠的目標──籌謀退休生活。

出外旅遊、舉辦婚禮等開支豐儉由人，我不在這裏詳談，但人生有3項開支就相當重要，分別是子女教育、置業及退休，且讓我們逐一探討。

Digital Distribution & Sales
Analysis
AR Consumption growth
Average user base
▲+89%
Social Networks growth in marketing
Social networks influence
Community Involvement
Content Consumption

而為了令大家更易掌握個人及家庭的理財規劃，我製作了3個圖表：分別為家庭資產負債表【表4.4】、每年收入和支出對照【表4.5】、個人目標【表4.6】。

大家可能聽過，每家公司都會有資產負債表，列明所有資產及負債，其實對於任何個人或家庭而言，也可以「照辦煮碗」，從而令理財的路上更加暢順。

表4.4　家庭資產負債表

我的資產	我的負債
總資產（A）	總負債（L）
淨資產（A-L）	

註1：如果持有住宅物業，資產需要扣除樓宇按揭部分。

註2：資產要分流動和非流動，強積金歸入流動資產，因為可以調配投資；而住宅則是非流動性。

表4.5　每年收入和支出對照

我的每年收入	我的每年支出
打工仔：工作收入 **商人**：生意收入	家庭經常性開支 － 衣食住行 － 子女學費 － 供樓開支 － 必要支出（例如保險費用）
金融投資收入及已實現利潤 （如股票基金升值後實現的收入） 註： 年輕時大部分收入來自工作，但年長之後，隨着儲蓄日漸累積，可考慮透過投資帶來其他收入，所以此部分非常重要。在退休後更可以依靠此部分收入作為現金流。如果此部分是零，便要好好注意。	家庭非經常性開支： － 買車 － 外地旅遊
房地產租金及已實現利潤 註： 香港的租金回報不算吸引，「資產富有但現金流缺乏」為普遍現象，如有此情況者，宜設法「釋放」物業的價值	租金 － 按揭利息
其他收入	其他支出 － 家用
總收入（I）	總支出（E）
淨儲蓄（I-E）	

在【表4.5】如有剩餘的儲蓄，便可加入【表4.4】的資產當中，如果是負數便要減值，或列作負債。

表4.6 個人目標

我的目標/夢想	所需資金	達成時間	每年所需儲蓄
未來目標/夢想總成本(C) - 子女教育和退休 - 創業 - 旅行 - 置業	估計要花多少錢	距離目標 達成了多少	
現時淨資產(A-L)			
現時平均每年淨儲蓄(I-E)			
目標達成率	[(A-L)+(I-E) x 年]/C		

例子及背後假設

假設牛氏一家三口，父母在職而孩子在學，兩名在職家庭成員的每月收入參考 2020 年 3 月宏利投資管理調查的個人每月入息 29,461元，即三人家庭每月收入約為 58,922 元（約 59,000 元）。

牛家沒有自置物業和借貸，夫婦二人工作 25 年，每年平均儲蓄約10 萬元，沒有投資習慣，單靠過去平均每年 3 厘的定存利息來滾存儲蓄，積蓄約 275 萬元【表 4.7】。然而，近年利息低迷，預計未來一段時間仍是如此，1 年期定存利息的設定降至 1 厘【表 4.8】。

牛家的家庭每月平均開支，參考 2014/15 年度的政府住戶每月平均開支，約為 27,627 元（包含租屋開支）[4]，再按 2015-2019 年通脹估算現值約為 31,219 元（約 31,000 元），當中不包括子女學習雜費和供養父母使費。

在稅務方面，牛家可享已婚人士免稅額 264,000 元、子女免稅額 120,000 元、供養 4 位非同住而年滿 60 歲或以上的父母免稅額200,000 元，總免稅額 584,000 元。

表 4.7　牛氏家庭資產負債表

牛家的資產	牛家的負債
總資產（A）：2,750,000	總負債（L）：0 元
淨資產（N=A-L）	2,750,000 元

4　2014/15 年住戶開支統計調查：https://www.censtatd.gov.hk/hkstat/sub/so290_tc.jsp

表 4.8　牛家每年收入和支出對照

牛家三口每年收入	牛家三口每年支出
工作收入：59,000元×12 = 708,000元	家庭經常性開支：31,000元×12 子女學習雜費：5000元(假設)×12 = 432,000元
金融投資收入及已實現利潤： 牛家並無投資，只將儲蓄放於銀行 收取約1厘的定存利息	**家庭非經常性開支：** 去年因疫情而沒有外遊和減少外 出，並無非經常性開支
房地產租金及已實現利潤： 牛家並無持有物業	沒有
其他收入	其他支出 給予父母的家用： 10000元(假設)×12 = 120,000元 稅項：6,400元
總收入（I）**708,000元**	總支出（E）**558,400元**

淨儲蓄（I-E）**149,600元**

假設1：儲蓄敍造定存回報（假設利率為1厘）

2,750,000元 × 1%= 27,500元

總儲蓄 = 27,500元 + 149,600元 = **177,100元**

假設2：儲蓄進行投資回報（假設回報率為5%）

2,750,000元 × 5%= 137,500元

總儲蓄 = 137,500元 + 149,600元 = **287,100元**

多年來未有置業的牛生牛太，目標是買入一個金額大概為750萬元的安樂窩。

假如牛家本身持有資產約275萬元，若只將這筆資產敍造定存，這些收益再加上其每月扣除所有生活開支後的儲蓄，每月只有約15,000（（149,600 + 27,500）/ 12個月）元可作供樓之用。

假設銀行的按揭利率為2.15厘、供款期為25年，牛生牛太如要買入750萬元的單位，便需要付出更多首期，例如敍造四成半按揭，即是要付412.5萬元。而牛生牛太的資產為275萬元，換言之他們要再儲137.5萬元（412.5萬－275萬）才能有足夠首期置業。以1%回報推算，需時13年才可達成買樓大計；相反，倘若牛家將手頭上的資產作投資，而回報率達5%，以此推算，他們「上車」的時間可以縮短至8年【表4.9】。

從這個例子可見，相較什麼投資都不做，或者只作簡單的定期存款，透過投資來賺取被動收入可助你更快達成夢想。

表4.9　牛氏上車置業估算

牛氏的目標/夢想	所需資金	達成時間	每年所需儲蓄
未來目標/ 夢想總成本(C) 假設1： 買入一層750萬元的 安樂窩，而牛家只敍 做定存	首期：4,125,000元 首置印花稅：281,250元 交易費用：100,000元 裝修費用：200,000元 預留半年生活費： 276,000元 總共：**4,982,250元**	／	／
現時淨資產(N)	2,750,000元	／	／
首期儲蓄目標金額 (C-N)	4,982,250元-2,750,000元 = 2,232,250元	.	／
假設一： 儲蓄敍做定存回報 （假設利率為1厘）	／	約13年	= (C-N)/13 = **171,711元**
假設二： 儲蓄進行投資回報 （假設回報率為5%）	／	約8年	= (C-N)/8 = **279,031元**

子女教育 – 投資在未來

小朋友是未來的主人翁，培育一個年輕人成材，自然要耗費不少資源和心血。雖然香港政府為兒童提供12年免費教育，但是不少父母仍希望給予子女更好的安排，為他們報讀直資學校或國際學校，甚至送他們到外國留學。有些家長在規劃子女開支時未必夠仔細，例如只計入學費和交通費用，但補習班、遊學團、林林總總的課外活動費用，加起來也相當可觀，有機會令父母大失預算，因此，我們在規劃開支時不能太過簡化。在子女培育方面，到海外升學是最昂貴的部分。如要在沒有任何獎學金和資助下送子女到歐美留學，完成一個3年或4年制的大學課程，包括機票、學費和住宿，往往要花上100萬至200萬元【表4.10】。

表 4.10　升讀海外大學年度費用（單位港元）

國家	學費	生活費*	合計
英國	約9.2萬至26.6萬元	約12.5萬元	約21.7萬至39.1萬元
澳洲	約11.2萬至25.2萬元	約8.4萬至18.7萬元	約19.6萬至44.2萬元
美國	公立：約20.7萬元 私立：約28.5萬元	約12.5萬至13.2萬元	約33.2萬至41.7萬元
加拿大	約17.4萬元	約5萬至10萬元	約22.4萬至27.4萬元

* 各國生活費用包括：
　美國（住宿、膳食、書簿及雜項）；澳洲（校內宿舍、雜貨及膳食、燃氣/電費及公共交通）；
　加拿大（住宿、膳食、書簿、個人及健康保險）；英國（住宿、膳食、電費及交通）。

資料來源：學友社網頁，截至2020年8月

正因升學安排的花費不菲，能夠及早儲蓄，便會有十多年時間準備，可以讓這筆錢穩定增長。因此，金融機構推出了各式各樣的子女教育基金供父母選擇；但要留意的是，這些教育基金通常分為兩種，一種是「現金價值（含保證及非保證）＋保障金額」，另一種是「投連險（自選基金）＋保障金額」。這類產品不會按每個家庭的背景度身訂造，而且很多父母本身亦已有購買保險或有投資，其提供的財富增長及保障有機會與子女教育基金重疊。

年輕夫婦在生兒育女後一闊三大，瑣碎開支繁多，如果預算不多、但又想為家庭提供足夠保障，不妨認真考慮購買定期壽險（Term Life Insurance），這些保單按年付保費，而且每年可以改動條款，靈活性夠高，也不用怕一旦發生意外，會影響到家庭的生計。

個人故事：讓子女了解凡事皆有成本

我是一個從事資產管理的人，日常生活也會活用「成本—回報」的思維方式。用心照顧子女固然重要，但我認為父母也有責任培養子女正確的財商（Financial Quotient），例如讓小朋友從小便明白生活每件事都有成本，所有開支都是用父母犧牲時間和勞力換取的。

由於培育子女的最大成本是教育，我希望孩子在成長過程中會好好珍惜接受教育的機會，這不是要他們年紀輕輕便出外工作幫補家計，而是培養子女以個人能力賺取額外的零用錢，最普遍的有幫手洗車和做家務。以下3個小故事，或可幫助各位讀者明白一些培養子女財商的方法。

1. 儲利是錢 訂財政預算

儲蓄的習慣，最好從小開始培養。從小到大，我都教育兒子訂立個人的財政預算，並運用自己的方法來分配資源。小兒有一本小小的筆記簿，內裏記錄了每年農曆新年所得的利是錢，我們的做法是幫他開一個兒童銀行戶口，然後定期與他一起檢視銀行結餘，令他對自己的財產更加上心。

2. 獎學金計劃 資助興趣班

正如上述所言，非恒常的教育開支如興趣班的成本可大可小，不應忽視。我的兒子非常喜歡滑雪，而這是一個昂貴的興趣！那麼，身為人父，我是否就無條件地滿足他這個興趣呢？

小兒除了日常的滑雪訓練，還會定期出外比賽。假設每年出外比賽的花費是10萬元，我便提出了一個獎學金計劃，並以他的學業成績

掛鈎，如果他的考試成績達標，就可以獲得滑雪訓練費用的回贈，如果考試成績比原本訂立的目標更佳，就可以享有獎賞倍數。這種做法，一方面是要讓他在發展興趣時不忘學業，同時也令他明白，自己有責任為興趣的開支打拚。

3. 從生活感受投資

小朋友雖然未到法定的投資年齡，但不代表他們對日常生活及經濟走勢沒有了解。記得有一次我和兒子到茶餐廳用膳時，談到該餐廳的人流及收入，最後小兒認為該餐廳的前景不錯，要我幫他用他的積蓄小注買入餐廳股票。

我認為重點不是他的投資是對是錯，而是他可以從生活經驗中發掘並感受到投資是什麼一回事，就如我在舊公司富達投資的老同事兼著名基金經理彼得林治所說一樣。一般人經常把投資和賭博混為一談，其實投資股票並不一定是零和遊戲，也可以是看好一門生意。雖然我沒有足夠資金開一間餐廳，但我可以投資於一間優質餐廳的股票，並讓小兒明白生意這回事有機會賺錢，也可能會蝕錢。

有瓦遮頭 – 找個安樂窩

亞洲人普遍信奉「磚頭」，認為「有樓揸手」很重要。香港樓價更是長期高企，有國際顧問機構調查發現，香港樓價達家庭入息中位數的20.9倍【圖4.2】，長期「榮登」全球最難負擔樓價的榜首，相當於近21年不吃不喝才能在港置業。

樓市居高不下，「上車」成為全城的首要任務，坊間更有一種觀念，認為沒有物業便不要成家立室。有些父母將現有的物業加按，好助子女支付首期。但是在投資的角度，二三按的利息成本相當高，在這種槓桿效應下，一旦樓價掉頭向下，置業人士便會面對頗大風險，更有可能變成負資產。故此，我奉勸各位要好好考慮自己的負擔能力，父母愛錫子女理所當然，但也要量力而為。

子女一定要擁有自置物業才可結婚？租樓不可以嗎？除了以本身物業二按來補貼子女支付首期，另一種方法是補貼租樓的費用，例如代子女支付首兩年的租金，同時讓他們儲蓄，為自己的未來做好準備。

港府在2016年的人口普查發現，當時全港有逾121萬家庭住在自置物業之中，當中高達65%已無按揭，表面看很多港人已再無供樓負擔，但其實根據我的個人經驗，不少港人都「窮得只有層樓」，意思是隨着年齡漸長，置業人士發覺自住物業已佔去他們「身家」的絕

大部分,即使單位價值不菲,卻沒有足夠的現金流應付日常生活開支,這種狀態便是「資產富裕、現金貧窮」。

所以大家在置業前要先問一問自己,究竟人生的最終目標是不是擁有一層樓?還是希望有舒適的生活?有樓在手,究竟是富還是貧呢?

圖4.2　2018年全球主要市場房屋負擔能力指數:人口超過500萬的城市

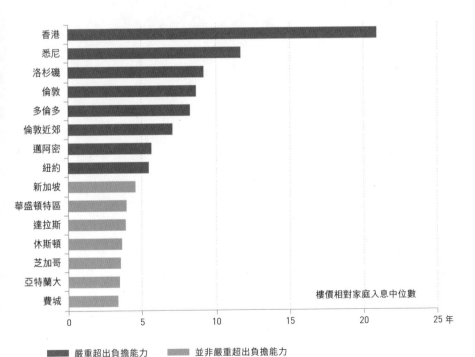

樓價相對家庭入息中位數

■ 嚴重超出負擔能力　　■ 並非嚴重超出負擔能力

資料來源:Demographia;截至2019年1月。

物業收益一：逆按揭

對於有樓一族來說，以逆按揭來創造退休收益（見2.8章—保險）是一個不俗的選擇，但是傳統華人的心態始終認為，若單位不再屬於自己，會感到不好受；也有一些父母認為，應該把房產留給子女，所以香港的逆按揭，似乎不及外國普遍。

物業收益二：收租及 REITs

除了自住，很多香港人的願望是買樓收租。在2000年代初期，本港住宅平均租金回報仍超過5%[5]，但隨着樓價上升、利息低迷，近年物業租金回報率已跌至2%、3%，還未計入差餉和維修雜費等。相對恒指的平均股息率有超過2.5%（截至2021年2月26日），客觀地看，買樓放租收益並不吸引。

若然想享受到物業所帶來的租金收益，除了自己置業之外，大家也可以考慮房地產信託基金（REITs）。REITs是投資於上市信託基金旗下擁有和管理的收租物業，除了住宅，也有一般人難以接觸到的資產，包括酒店、數據中心、購物中心和寫字樓等。本港首隻REITs 領展（00823），便手握香港多個屋邨商場及街市的物業。

REITs 以收租作為收入，租金減去營運管理支出後須把最少九成作為股息分發予投資者，再加上所涉足的物業種類廣泛，所以股息往往較散戶自行買樓放租為高，而相對於其他行業的股票，REITs 的

5　香港財經事務及庫務局2003年經濟概況：https://www.hkeconomy.gov.hk/tc/pdf/box-03q4-c3-2.pdf

表現也較為穩定。但在資本增值方面，由於個人置業通常涉及槓桿（只以首期買樓），當樓市向上時，其槓桿效應就遠高於REITs。

個人故事：3次買樓　摸過頂又摸過底

我不是房地產投資專家，但跟不少港人一樣有置業，並且是3次，曾經摸過頂、也摸過底，在這裏就獻獻醜跟大家分享一下經驗。

記得在九十年代後期，香港樓市升至頂峰，那時大家好像認為，樓市將無止境地上升，我也「跟大隊」入市，並選定了一個坐落元朗的新盤，當時正值三號幹線興建，元朗新盤呎價也要5000多元，我與內子排隊買樓的身影還被報館拍了照、上了報，豈料後來樓市泡沫爆煲，在高位入市的我，最後以呎價2000多元賣出單位，蝕了差不多一半。

第二次置業要數到2003年9月，當時香港剛剛經歷了沙士疫情沉重打擊，經濟百廢待興，樓價更跌至歷史低位。其時內子剛有身孕，因此我便辭去台北的工作，舉家回港，並在港島大潭購入一個呎價5000多元的單位，到了2008年，由於兒子報讀了新界的幼稚園，我們便將大潭的單位出售，其時樓價已大幅上揚，單位也升值一倍有多，若然只根據我付出的首期，回報更是超過3倍。售出大潭的單位後，我們再在元朗置業並一直居住至今。

從上述的經歷之中，大家可以發現幾個現象，首先，雖然很多香港人都深信買樓可以保值，但在置業人士的樂觀及悲觀情緒左右下，樓市可以大幅波動並偏離其合理水平，正如在高峰時期元朗樓盤的呎價，可以跟低谷時期大潭樓盤差不多，而以2021年1月的數據來

看，我曾購入的這兩個屋苑，呎價分別是9000元及2萬元左右，分別極大。

其次，住宅樓宇是很特別的資產，因為當中涉及槓桿操作。除了少數人士，投資股票使用孖展的槓桿比例較低；相反，除了部分極富有人士，普羅市民置業很少人能一筆過付清樓價，多數只會付出首期，然後每月供樓，如果首期是樓價的三成，其槓桿比例便達到3倍以上。

第三，是流動性問題，在大牛市時，樓市或會流轉很快，但到了大跌市時，需求大為減弱，成交淡靜，業主便要減價求售。

第四，是物業不同股票，沒有標準價格，即使是同區、同屋苑的樓盤，裝修質素、樓層甚至是不同座向，價格差距也可以很大。

無憂生活 – 健康嘆世界

隨着醫學進步，人類平均壽命不斷延長，根據日本厚生勞動省數字，香港男女性平均壽命分別為82.34歲及88.13歲，論長壽冠絕全球，假設一般人於65歲退休，便意味我們的退休生活長達20年，開支當然會隨之增加，因此需要好好為未來籌謀。

俗語有云：「年紀大機器壞。」如果想在退休之後有足夠的財力和健康的體魄四處遊玩享受，便應好好規劃未來的醫療開支。香港公營醫療服務的水平相當不俗，加上不少在職人士都會享受到公司所提供的醫療保障，導致年輕的打工仔往往會忽略醫療保障的重要性。

我們的醫療保障不能單靠任職的公司，亦不可待到退休後才作打算。因為醫療保險的條款視乎「既有的身體狀況」（Pre-existing Condition）而定，年齡漸長，既有病症只會有增無減，太遲投保，將有更多器官或病症不受保，即使受保，相關費用也會愈來愈高。此外，在現今社會，打工仔很少一份工做到老，如果換了公司又或者失業，豈非沒有了醫療保障？

所以，為自己增添一份額外的醫療保障是較為穩陣的做法。另外，部分公司的團體保險有「團險更約權」，容許員工在離職不久時間內（例如是30天）不用驗身便轉為個人保險，將原本的權益繼續保留，

亦是一個不錯的選擇。舉個例，若你打算在今天不再打工，可以立即聯絡本身公司的保險經紀，查看保單的條款及轉換的方法。

退休規劃及早籌謀

在第二個章節裏，大家應該明白到，在超低息環境下，單靠現金儲蓄很大機會跑輸通脹，並蠶食現金的購買力，更遑論支撐退休後的生活所需。香港的生活成本逼人，要享受一個逍遙自在的退休生活並不容易，所以我們趁年輕有為時，應及早計劃退休儲蓄並學習投資理財，不要到將近退休時才作安排。

事實上，香港人也相當憂慮退休生活，「零售投資者研究2019」調查發現，對自己退休規劃非常有信心的受訪者只有8%，既然沒有信心，便應為退休多做準備，但是除了強積金和職業退休計劃（ORSO）以外，卻只有三分之一受訪者會另作退休儲蓄。

宏利投資管理在2020年3月進行的退休信心調查也發現，月入4萬元的受訪者，每月可以儲起不少收入，待到退休時更有望累積790萬元資產，但由於這批較高薪的受訪者對於退休生活水平的要求也相對地高，預期每月開支達3.9萬元，因此，他們的積蓄只能維持17年的退休生活，與23年的預期有6年落差。

退休後錢從何來？靠儲蓄「食老本」或靠子女供養，似乎仍然是普羅大眾的觀念。根據「零售投資者研究2019」，超過九成受訪者打算在退休後依靠儲蓄維持生活，認為可以依賴子女或親友資助維持生計的也有約42%。但根據我多年在金融業的經驗，「養兒防老」或許已不合時宜，愈來愈多客戶認為，子女不必依賴父母的資助而完成

學業及支付物業首期，已屬萬幸，更遑論反過來依靠子女。我的個人觀點是，子女不一定是不想供養上一代，而是期望孩子有能力支持父母生活費用，某程度上是不切實際的。

另一個收入來源，便是強積金。法例規定，港人可以在65歲提取強積金，再加上自己其他儲蓄及資產，是不是從此便可以吃老本過世？當然也不是，因為退休之後我們起碼還有20多年的日子，所以退休人士也應繼續投資，不可能完全迴避風險，善用複息效應滾存本金，仍然是最有效的方法。

持續投資 免坐食山崩

假設牛先生在退休時累積了200萬元的退休金，若他打算每月提取1萬元作為生活費，其餘繼續持有現金、不再任何投資，他的退休金只夠維持約16年；但若然牛先生在每月提取生活費之餘，把餘下資產繼續投資滾存，以4%的年度回報計，其退休金就足夠維持27年【圖4.3】，可化解「坐食山崩」的危機。

當然，退休人士沒有恒常收入來源，在規劃投資時，行事要更加小心，不要以為單一的工具便可解決全部問題，更不要跌入高回報陷阱，讓自己盲目承受風險。

若然希望產生穩定的現金流，並且避開利率風險【見2.5章〈投資：債券〉】，儲蓄水平較高的退休人士，可以考慮外國常見的債券階梯（Bond Ladder）投資策略【見P154小博士】，買入短、中、長期的債券（例如在2年後、4年後和6年後到期的債券），當短年期債券到期後，再投資於長年期的債券，餘此類推，從而對沖利率風險並鎖

圖4.3　持續投資化解「坐食山崩」

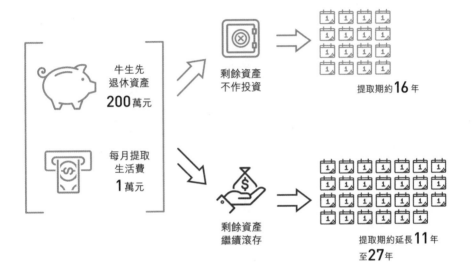

定債息收入。不過，以我所見，會運用這個方法來自製現金流、管理退休儲蓄的香港人不多。

對於退休人士而言，另一個較為簡單的做法是開設一個現金戶口，根據個人需要每月自動轉賬一筆資金在這個現金戶口作為日常開支用途，情況猶如為自己製造一個出糧戶口。至於另一個戶口則主要處理投資和理財，並集中投資於一些能夠提供收益的產品，例如債券、高息股票或多元資產的派息基金等。

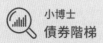
小博士
債券階梯

債券階梯是由一系列不同年期債券所組成的投資組合,這種策略是將資金平均分為若干份,並投資於不同年期的債券。當年期最短的債券到期時,投資者可以將取回的本金投資於另一隻較長年期的債券之上。

以下圖的例子,假設投資者有10萬元本金,平均投放在5隻債券。兩年之後A債券到期,投資者可取回2萬元本金,然後重新投放於另一隻10年期的F債券。相比起購買同一年期的債券,債券階梯有助降低利率風險及增加流動性。

假設投資者將10萬元本金,
平均投資於5隻年期分別是2年、4年、6年、8年及10年的債券之上

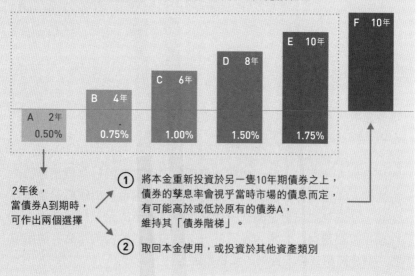

退休後投資安排

除了規劃開支及健康保障，退休的另一關注點，自然是財富的傳承安排，希望兒孫能分享自己累積的財務成果。除了訂立平安紙之外，大家可以利用萬能壽險【見2.8章〈保險〉】，照顧身邊人的需要。

 退休生活

- 退休後不止要注意身體健康，還要顧及心態健康
- 金錢只是用來達到人生目標的工具
- 退休是一個心態，而不是一個階段
- 愈早計劃便可愈快進入財務自主
- 退休後培養個人興趣和持續學習

4

無忘初衷、目標為本

5

資產配置

「天道極即反，盈即損」──── 老子

投資相對論

大家經常在報章上看到金融「大戶」,究竟什麼是大戶?大戶的投資作風跟一般人(散戶)又有何分別?

大戶所指的是專業的機構投資者,包括互惠基金、對沖基金、國家主權基金及養老基金等。他們有嚴謹的投資框架及流程,重視投資紀律,與憑感覺而為的散戶有極大差別。在這個章節,我會與大家分享一下專業投資者的做法。

何謂增減持與中性?

首先,我們經常聽到基金經理所謂的持重、持輕、增持、減持或中性,這些字眼有什麼意思?其實所謂的增減持、持輕持重,全都是相對性的,並非絕對數字。以基金投資為例,一般會參考不同資產指數作為基準指標。

坊間有很多由不同指數公司編製的指數,例如我們熟悉的恒生指數、追蹤美國科技股表現的納斯特指數,以及一些國際性的股票和債券指數。指數公司會因應資產的交投量、市值及代表性等,將指數進行加權,而指數的成份資產和所佔比例也會隨時間而改變。

表 5.1　基金參考基準指數一覽

基金類型	分類
股票型	地區、行業
債券型	地區、類別（政府債或企業債）、發行貨幣、信用評級、年期、存續期
混合型	平衡型、收益型，視乎股債比例而定

每當傳媒報道基金經理和分析員看好或看淡某地區和行業前景【表5.1】，散戶總以為看好便表示買入，而看淡便要敬而遠之，事實卻並非如此簡單。一般來說，基金經理會嘗試透過研究分析，尋找出有望跑贏的行業及個股，同時判斷哪些行業或個股會跑輸大市，從而希望自己的投資組合表現能優於大市。

舉個例，在恒生指數中目前佔比最高的行業是金融業（42%）【表5.2】，而緊貼恒指比例的盈富基金（02800）則以友邦（01299）最重倉【表5.3】，而近年科技行業興盛，資訊科技股佔比也升至第二大，達24%。個股方面，恒指目前的三大權重股是友邦保險（10.5%）、騰訊（9.5%）及滙控（7.7%）。假設基金經理以香港股市為投資目標、並以恒指作為基準指數，若然基金經理持有高於24%的科技行業，便屬持重科技行業；若然基金經理只是持有9%的友邦股份，便屬持輕。

表5.2 恒生指數行業比重

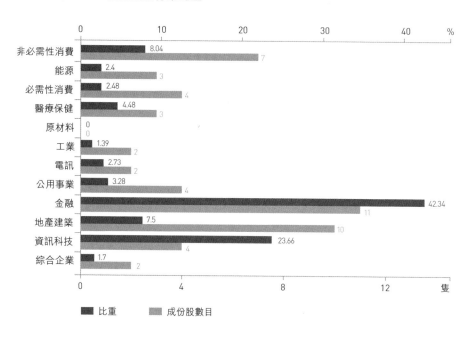

圖表（上方橫軸為 %）:

行業	比重	成份股數目
非必需性消費	8.04	7
能源	2.4	3
必需性消費	2.48	4
醫療保健	4.48	3
原材料	0	0
工業	1.39	2
電訊	2.73	2
公用事業	3.28	4
金融	42.34	11
地產建築	7.5	10
資訊科技	23.66	4
綜合企業	1.7	2

■ 比重　　■ 成份股數目

資料來源：恒生指數；截至 2020 年 12 月底

表 5.3　盈富基金十大權重股

公司名稱	行業	比重(%)	公司名稱	行業	比重(%)
友邦保險	金融	10.46	美團	資訊科技	4.96
騰訊控股	資訊科技	9.51	小米集團	資訊科技	4.74
滙豐控股	金融	7.68	香港交易所	金融	4.66
建設銀行	金融	5.80	阿里巴巴	資訊科技	4.40
中國平安	金融	5.15	工商銀行	金融	3.38

資料來源：盈富基金；截至 2020 年 12 月底

放眼全球股市,大戶亦同樣按照基準指數而行。以MSCI環球指數為例,美國的佔比超過60%,緊隨其後的分別是日本、英國和法國【圖5.1】,相較之下,新興市場的比例較少。不同地區的分布比重,反映了當地股市的市值規模和重要性。換言之,對於一個以環球股市為投資目標的基金來說,美股在全球經濟的重要性較高,其佔比也往往最多。值得留意的是,個別地區在指數中所佔的比例,與其經濟規模未必成正比,中國是全球第二大經濟體系,但由於金融市場發展落後於成熟國家,亦並非完全開放,所以在國際指標中,中國股票和債券的權重仍然頗低[6]。

除了一些大家耳熟能詳的指數,有基金亦會以特定指數(Custom Index)作為指標,這些指數以特定行業或投資風格為主,例如電動車指數、新能源指數或低波幅指數,選出符合的行業或風格而交投量較高、有盈利基礎的公司,作為指數成份股及進行加權。另外,雖然多數基金會以股票或債券指數來衡量其表現,但部分的收息基金則會以收益水平作為指數,例如以高於一年定存利率為投資目標。

上述提及的都是主動管理的基金,至於被動式基金(例如ETF)則多以追蹤特定指數為宗旨,持倉比例基本上會緊貼指數成份股,並沒有相對基準指數增減持的決策。

6   https://www.msci.com/documents/10199/149ed7bc-316e-4b4c-8ea4-43fcb5bd6523

圖5.1　MSCI世界指數的國家分布

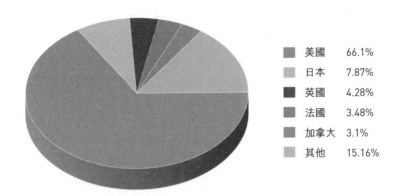

■	美國	66.1%
■	日本	7.87%
■	英國	4.28%
■	法國	3.48%
■	加拿大	3.1%
■	其他	15.16%

資料來源：MSCI；截至2020年11月底

散戶總是希望獲得絕對回報（例如希望在單次買賣中賺取30%回報），但是在基金的世界，由於每位投資者買入的時間都不同（強積金也是一樣，每年不同時間都會有打工仔進入勞動市場或設立強積金賬戶），因此，大戶除了重視持股的相對比例，也重視投資的相對表現。

假設A基金主要投資港股，其目標是跑贏恒指或MSCI香港股票指數，換言之，若某一年港股大市錄得10%的負回報，即使基金表現在該年虧損9%，也算跑贏；同理，若該年港股大市錄得超過上升50%的強勁表現，基金的回報就要超過50%方算是跑贏。

基金經理的局限

傳媒經常報道個別基金公司增持或減持特定板塊，毫無疑問，增減持某程度上反映了基金經理的投資取態，但也有可能是基於一些無可奈何的原因。基金經理操盤有着先天的局限，要應付來自不同客戶（投資者）的認購和贖回需求，角色有時十分被動，因此，大家在參考這些資訊時要非常小心。

舉個例，在市況向好時，投資者相繼湧入購買基金，面對資金不斷流入，基金經理即使認為資產估值已變得昂貴，仍要入市；反之，當市況低迷、估值便宜之際，投資者心態普遍轉為悲觀並傾向贖回，基金經理就算希望買貨，但為了應付贖回，導致沒有足夠資金，甚至需要沽貨來維持流動性。這些舉動都不代表基金經理真的看好或看淡個別股票或行業，而是時勢使然。

除了買賣正股，不少零售基金也可能會運用衍生工具來提高組合配置的靈活性。例如基金忽然有大量資金流入，基金經理可能要先買入指數期貨，以避免跑輸大市，待資金到位後才再買入現貨。另外，若零售基金規模龐大，不可能在短時間內大手增減持單一資產，須分段買貨或沽貨，以避免資產價格出現大幅波動，並影響基金投資者的利益。此外，部分債券需在場外進行交易，買賣差價和利率風險的變化很大，故債券基金也需要利用期貨做對沖。

5.2

組合重整再出發

雖然電影、電視劇每每將基金經理的操作描繪成大上大落，但撇除對沖基金，實際上零售市場的投資產品均要遵守嚴格的監管要求，透明度非常高，投資組合必須達到某程度的分散投資。

不同基金公司和經理的增減持股上下限各異，亦受到投資守則規管，例如基金列明對單一股份的持有比例，只能相對基準指數的比例 +/-5%，這種做法是為了減低基金經理作出極端持倉的機會，因此，即使個別股票走勢良好，基金也不會重押在單一股票之上。

一隻典型股票基金，持有單一股票比例往往不會多於10%，換言之，基金持股肯定會多於10隻，部分基金持股更可能高達數百隻，這就是「不要將所有雞蛋放在同一籃子」的道理，即使組合中的股票（或債券）的表現欠佳，但組合中其他的股票（或債券）也可以互相補足，避免集中風險。

聰明的讀者或會問：股價隨時變化，當基金某持股的價格上升時，會不會打破10%的持股上限呢？答案是有可能的，在這時基金經理便需要盡快作出重整（Rebalancing），減持超出了上限規定的個股。

5

資產配置

散戶受資金所限，未必有太多時間和專業知識管理龐大的組合，不可能如基金經理般買入數百項資產，而且小規模組合過度分散亦可能會影響整體投資表現和增加交易費用，那可以怎辦？我建議大家奉行10%法則，即持有大約10項資產，同時定期做組合重整。

什麼是組合重整？舉個例，假設你的投資組合金額是10元，分別買入兩隻股票，各自配置50%（即5元）；若一年後，股票A升了一倍，股票B沒有升跌，則你的投資組合便會升值至15元，當中股票A及股票B的比例，會變成10元（佔66.6%）及5元（佔33.3%）。由於股票A已超出了50%的配置目標，因此你需要減持，並回復至原初的目標設定。

投資者亦要考慮風險預算（Risk budget），想一想財富當中有多大比重可作風險投資，以及可以承受的最大跌幅（Maximum Drawdown），假設你有100萬元的財富，並自問只能接受20萬元的虧損，那麼當中的80萬元便不能作出高風險投資。

減低投資之間的相關性

只要仔細一看，大家便會發覺大戶在分散風險方面的做法，並非單純地買入不同的股票（或其他證券），而是會衡量各項資產的相關性（Correlation）【見 P169 小博士】。

不同地區和資產類別，都有着不同的風險與回報關係，彼此間相關性有強有弱，甚至有可能呈反向關係，只要調動得宜就能互補不足，達到分散回報和風險的效果。

債券和股票便是其中一個例子，兩者相關性向來較低，因表現各異便有助分散風險。在一般情況下，股票向好，國債走勢便會較弱，相反亦然。即使是在同一資產類別，不同行業或背景的公司，其相關性亦有強弱之分，增長股和價值股的走勢便很不同，在大牛市時，增長股的表現較為標青，而在股市走勢較弱時，價值股抗跌力或會較佳。投資者可以參考 MSCI 世界指數和彭博巴克萊環球債券指數，在不同經濟周期下的表現【圖 5.2】。

圖5.2　環球股票與債券走勢略呈前後腳

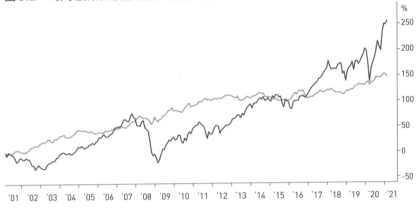

MSCI世界指數 ── 彭博巴克萊環球債券指數

資料來源：彭博，截至2021年2月26日

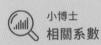 小博士
相關系數

相關性又稱為相關系數（Correlation Co-efficient），是統計學術語，代表兩組數據之間的相關程度。在金融世界，相關系數經常用於反映不同資產之間價格變動的關係。

相關性的數值介乎 +1至 -1之間，假設股票A與股票B相關系數為 +1，則表示兩者走勢完全一致，同升同跌；相反，若兩者相關系數為 -1，則代表兩者走勢完全相反，此漲彼挫。

過去20年不同資產的相關性

	港股	A股	美股	環球股市	新興市場股市	高收益債券	新興市場債券	環球債券	黃金
港股	1	0.737	0.718	0.864	0.929	0.751	0.712	0.236	0.357
A股	0.737	1	0.379	0.502	0.613	0.387	0.365	0.336	0.471
美股	0.718	0.379	1	0.953	0.685	0.708	0.544	-0.043	-0.01
環球股市	0.864	0.502	0.953	1	0.862	0.787	0.690	0.098	0.184
新興市場股市	0.929	0.613	0.685	0.862	1	0.830	0.839	0.308	0.520
高收益債券	0.751	0.387	0.708	0.787	0.830	1	0.894	0.225	0.308
新興市場債券	0.712	0.365	0.544	0.690	0.839	0.894	1	0.407	0.521
環球債券	0.236	0.336	-0.043	0.098	0.308	0.225	0.407	1	0.658
黃金	0.357	0.471	-0.01	0.184	0.520	0.308	0.521	0.658	1

註： 港股 = 恒生指數
　　 A股 = 滬深300指數
　　 美股 = 美國標普500指數
　　 環球股市 = MSCI世界指數
　　 新興市場股票 = MSCI新興市場指數
　　 高收益債券 = 彭博巴克萊美元高收益企業債券指數
　　 新興市場債券 = 彭博巴克萊新興市場美元綜合債券指數
　　 環球債券 = 彭博巴克萊環球綜合債券指數
　　 黃金 = 現貨金。

資料來源：彭博，數據截至2021年2月26日

5.4

抉擇快、狠、準

市場瞬息萬變，如果投資者在執行上老是舉棋不定，不知應該何時買入或賣出，那麼即使看中了某隻股票，也可能錯過時機，不一定能賺取利潤，甚至有機會虧蝕而回。若然想在投資時做到快、狠、準，就必先要知道自己的投資目標和準則是什麼。

基金經理和分析員會為特定的資產設定目標價，並因應企業的前景，利用模型推算出合理價格，再以此比對現價，了解目標企業有沒有投資價值。

當然，一般投資者難以利用複雜模型計算出目標價，但仍可借助一些估值指標，讓自己在資產到價時更快地作出決策。除了散戶慣用的技術分析，大家也可參考大戶的做法，考慮基本面分析，例如由上而下地檢視政治局勢和經濟周期、再研究行業前景，進而審視個別公司的優劣之處。隨著投資經驗逐漸累積，投資者也應學懂看公司年報，以及技術分析指標和圖表，以發掘不同類型公司的投資價值【見2.4章〈投資：股票〉】。

除了鎖定投資目標，散戶也要切記定下目標回報，以及止賺位/止蝕位，一旦達標立即視乎最新情況衡量是否需要調高目標，否則便要套利。

5

資產配置

懶人投資──平均成本法

除了分析估值指標和過濾市場消息，投資者還要克服心理上的掣肘。面對波動市況時往往思前想後；牛市時受到樂觀情緒感染，卻盲目追入，到了股災時就恐慌情緒爆發，務求盡快賤賣資產套現，結果是高買低賣，損失慘重。

投資時做到快、狠、準固然理想，但自問沒有能力捕捉買賣時機克服「心魔」的話，其中一個簡單方法便是善用平均成本法（Dollar Cost Averaging），以同一筆固定供款（例如5000元）、定期（例如每月、每季）入市，這樣做可以在升市時買入較少單位，跌市時則買入較多單位，拉低平均成本，長線而言有助減低價格波動所帶來的影響。

只要堅持平均成本法，大家就不用費心會否在高位時摸頂，也不用怕於低位時錯失良機，因此，最適合一些沒有時間精力研究投資的「懶人」，也能助大家破除心理障礙。

5.5

活用九宮格

一般投資者的決策不是1，便是0，在他們眼中只有買和賣兩個選擇。但事實上，投資選項可以有很多，下面的「九宮格」便為大家詳列了9個選項，投資者可以根據不同的需要，在不同資產之間作出轉換，進一步改善資產配置。

圖5.3　散戶常見做法　　　　　　圖5.4　大戶常見做法

很多時，散戶在持有大量現金之外，最常見的是持有不同的個股【圖5.3】，而當他們考慮沽出股票時，往往會沽清手頭上的持貨，換言之，其投資不是過於保守便是過於高風險，容易出現集中性風險。

相反，大戶（如基金經理）更多會在九宮格之中遊走【圖5.4】，舉個例，一旦某股票到達目標價，基金經理在沽出相關持貨後，便會看看有沒有其他個股選擇，如果行業中的選擇不多，也可以轉到其他行業、地區，甚至是持有「類現金」（如貨幣市場基金），務求在分散投資之餘，盡量留在投資的光譜之中。

如何判斷在九宮格內由股票移到債券？其中一個方法是審視盈利收益率差（Earnings Yield Gap），從而推算股市的合理值。盈利收益率差的計算方法是以股價為分母、每股盈利為分子，再乘以100之後，減去債券孳息率。得出的差距愈大，代表股票相對成本愈便宜，相反亦然。然而，香港欠缺常用的本地債券指標，令散戶難以判斷港股是昂貴還是便宜。

即使針對同一間公司，我們也可以活用九宮格的概念，從而管理風險，例如善用結構性工具。假設你已經擁有某公司的股票，而該股已錄得了可觀升幅，你除了可以考慮沽出股票，也可善用股票掛鈎票據（ELN），一旦股價下調，觸發行使價「接貨」，你便能以較低的價格「入市」，博取較高的潛在回報，同時有效控制風險，但是前提是你看好此公司的前景，因為若然股價一沉不起，你便要面對潛在的損失【見2.7章〈投資：結構性及衍生工具〉】。

5.6

寧缺莫濫、現金為王

要做好資產配置，大家也不容忽視現金的運用，而這是散戶難得地較大戶更具優勢的地方。很多基金都須遵守完全投資（Fully Invest）的規定，持有現金比例的限制十分嚴格，因此即使面對股市大跌，仍須被動地持貨；另一邊廂，有些大戶的規模又已經龐大變得難以「轉身」，截至2020年3月，畢非德的投資旗艦巴郡（Berkshire Hathaway）就坐擁破紀錄的1370億美元現金，即使價值數十億美元的買賣，也難以左右巴郡的整體投資回報。

相較之下，散戶可以更加靈活地調動現金，而且只要處理得宜，便會對整體投資回報帶來極大效果。當見到股票跌至非常廉宜時苦無資金入市，可說是投資者的悲歌，因此，散戶要時刻保留實力，個別投資到止賺位時便把部分回報套現，同時預留一些儲備，或利用優質債券或簡單的結構性產品，一邊收息、一邊等待理想的入市時機來臨。

手頭上時刻保留彈藥相當重要，我建議大家最少預留6個月至1年的生活支出，另外撥出資金應付稅務開支。而對於持有大量現金的投資者，不妨把現金投資於低風險的資產，例如以債券階梯【見4.4章〈無憂生活－健康嘆世界〉】自製年金組合，以爭取固定回報，避免通脹蠶食現金的購買力。

5.7

投資上的IQ、EQ、AQ

「有智慧的投資者是現實主義者，他向樂觀主義者出售股票並從悲觀者那裏購買。」

—— 班傑明格拉罕（Benjamin Graham）

知識、行為和態度對投資者影響深遠，相對很多國家的人，香港人的投資知識相當豐富，但有時卻過分自信，在投資上的IQ（智商）絕對不成問題，但是在EQ（情商）和AQ（逆境商數）上則有待提升。

EQ是指投資者控制情緒的能力，由於散戶沒有一套系統性的估值模型，置身波動市況時往往會手忙腳亂，影響到投資成果。

至於要培養AQ就更加困難，因為根據諾貝爾經濟學獎得主、著名行為經濟學家Daniel Kahneman實驗，發現比起賺錢，人們其實更害怕蝕錢。當市況波動「滿地鮮血」時，投資者都傾向不入市，但如果大家能戰勝心魔，在動盪市況下把握機會入市，便有可能賺取相當可觀的潛在回報。

5

行為金融學：戰勝心魔三大要點

「別人貪婪時恐懼，別人恐懼時貪婪。」

—— 畢非德（Warren Buffett）

人類是有感情的動物，散戶更加容易被情緒所左右，當大戶賺了一筆之後才入場，最後落得滿手「蟹貨」收場，因此，近年行為金融學日益受到學界重視。究竟如何才能戰勝心魔，運用理性指揮投資？大家不妨參考以下幾種方法。

1. 逆向投資

香港投資基金公會數據是窺探本港散戶行為的好幫手。根據該會數據，2008年香港散戶投資在股票基金的佔比超過六成【圖5.5】，相反，債券的比例相當少。2008年發生了什麼事？金融海嘯席捲全球，恒生指數也不能幸免於難，由高位大跌三分之二。之後數年，在悲觀情緒主導下，債券基金的銷售逐漸攀升，持有股票基金的比例急跌，如果於那段時間入市，反而能取得豐盛回報。

散戶不是太過悲觀，便是太過樂觀。在跌市時受恐慌情緒左右，總是蝕錢離場；相反，在牛市時則被勝利沖昏頭腦，看到人人都在賺錢，自己的危機意識便會降低。所謂的逆向思維，便是別人樂觀時我悲觀、別人悲觀時我樂觀。每一次股票基金或債券基金的銷情出現重大傾斜的時候，大家不妨反其道而行，因為歷史數據已證明，逆向思維能助我們有效累積財富。

圖5.5　香港零售基金的年度總銷售額

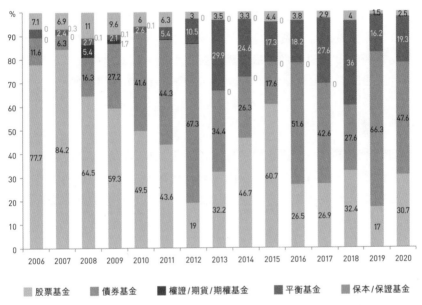

股票基金　債券基金　權證/期貨/期權基金　平衡基金　保本/保證基金

其他*　*包括貨幣市場基金、指數基金、基金中的基金、對沖基金及其他基金。

資料來源：香港投資基金公會；截至2020年12月。

同一道理也可以套用在新股（IPO）投資之上，原因是IPO乃股市是否出現泡沫的指標之一【見2.4章〈投資：股票〉】。老實說，多年來我都沒有抽新股的習慣，對於一些全城焦點IPO更是避之則吉，原因很簡單，股票投資是一買一賣，而買賣雙方本來就是對立的。在IPO投資，賣家是投資銀行及公司管理層，對於賣方而言，究竟什麼是好時機？當然是價錢愈高就愈好！那麼，身為普羅散戶，我們憑什麼會認為自己有能力勝過這些金融精英所定下的賣出價？

2. 保持謙卑

面對波動市況時，投資者往往忍不住沽貨，但是在震倉之後卻難以再入市追貨，因為資產在其賣出後急劇反彈，之後便會感到沮喪，經歷幾次失敗後便會失去信心，甚至不再入市，這是常見的投資心態。

投資時過分自信是大忌，深信自己看得通透，在消息當道和市況熾熱時買入，但在市況波動時便會沽貨離場，總是高買低賣。因此我們要保持謙卑，長線要選擇一些優質股票並靜待成果。

自問沒有能力勝過大市的投資者，尤其是投資初哥，可以先從大市入手，選擇投資於整個市場，例如港股、美股甚至是環球股市的基金或ETF，寧可取得大市平均回報，同時做到分散投資的效果。

3. 管理預期

投資當然是想賺取回報,究竟怎樣才算是賺錢呢?買股票不是賭大細,如果有人跟你說,他可以動輒賺取50%、100%,肯定是騙你的。當然,押中倍升股的人不是沒有,但難以有人長期地、每一年皆獲取如此高回報。

歷史數據告訴大家,一些增長型基金在大牛市時,年回報可能達到20%甚至50%,但平均來說,每年獲得約8%至12%回報已相當不錯,因為在2001年至2020年的20年間,美國標普500指數及香港恒生指數的年度化回報也分別只是5.2%及3%。

海闊天空

「背棄了理想 ，誰人都可以，那會怕有一天只你共我。」

—— 黃家駒

在前面的章節中，我們先從全球經濟活動、政府政策和金融市場之間的聯繫開始說起，然後簡介了主要的財富管理工具，涵蓋各類儲蓄、投資和保險產品，以及不同類型的財富管理夥伴。由於人人的理財需要都不同，在做決定之前，我們應先為自己做一個全盤的檢視，因應本身及家庭的財務狀況來制定目標，並有紀律地實行。

身處互聯網世界，資訊快速傳遞，令資金在不同資產和區域中流轉的速度也愈來愈快，我們需要努力學習過濾資訊的能力，並及時檢視投資組合，保護自己的財富。老實說，要消除所有投資風險並不可能，但明智的行動（不要盲目地跟着人群）、經過精心計算的風險，維持多元化的投資組合，可以幫助我們更早達成理財目標。

希望這本書能激發並幫助大家開始積極管理財富，享受當中的過程和成果，並更快地達到財務自由，從而實現自己的夢想和抱負。因

為管理財富只是手段，最終目標不是為了錢，而是在於如何運用你的財富，來實現你的夢想！

為夢想不斷奮發

回想起初遇妻子的時候，我只有20多歲，那時她說我是唯一一個會跟她傾訴退休計劃的人。投資世界複雜多變，時而令人驚喜、時而令人沮喪，職業生涯比其他人遲起步的我，必須加倍努力從後趕上，但除了努力之外，好奇、執着和叛逆的性格，再加上充沛的精力，也是我不斷學習、尋找持續改進方法的動力。在酒店和時裝界工作時，我常常與來自世界各地的人們接觸，對於各地風情、著名設計師的服裝和生活方式深感着迷，至今我仍記得在文華東方酒店當門僮時，曾經以一個月的薪水在酒店內的商店裏買下人生第一件Giorgio Armani外套……現在這件外套仍然掛在我的衣櫥裏！基於夢想及興趣，那時我每天也很有幹勁地工作。

踏入金融界之後，我依舊努力不懈，為自己的夢想不斷奮發：為了讓家人過更好的生活、為了讓兒子有更好的學習機會和探索不同的興趣，我多年來致力儲蓄和投資；為了跟大家分享自己的心得與經驗，我將撰寫一系列不同類型的書籍，此書是第一部；而對於退休後的生活，我也點子多多，例如幫助弱勢兒童學習電腦程式編碼，希望為他們開拓更廣闊的未來。我也想過開設私房菜餐廳，以中國地方特色為主題，甚至希望能開設一家專門售賣機車夾克（Biker Jacket）的店舖，展示自己的設計，一圓年輕時當時裝設計師的心願。我的興趣實在太多，雖然難以一一實現，但光是想到這些項目，我就已經很興奮！

來自不同背景和經驗的讀者，在閱畢此書後的得着可能也有所不同，但我希望讀者能更好地了解如何開始管理自己辛辛苦苦掙下來的積蓄，並實現你和家人的目標和理想。

最大風險源於無知

不論在香港或世界其他地方，多數人必須在學校學習20年以上，為日後的工作打好知識上的基礎，然後便是漫長的40年工作生涯，當中收入所得，除了要應付基本住房、食物、教育和生活費用之外，也要儲起足夠金錢，為起碼20多年的退休生活做好準備，實在談何容易。

畢非德曾經說過：「風險來自於不知道自己在做什麼。」大多數人辛勤工作一生，老來卻沒有足夠的財產應付生活，實屬社會的悲劇。很多人每天都只顧工作，卻忽略了理財的重要性。其實只要我們在工作之餘，花點時間來學習理財，人生往後的路便會順暢得多。即使一般人資源和經驗有限，但透過一些方法，我們也可以像專業的財富管理機構一樣，好好投資和保護自己的資金。因為沒有人會比你更了解自己，只有你才能決定自己的投資取向，也只有你才能向你和家人的未來負責。

大多數人都曾經長時間地把精力投放於自己擅長的工作，付出了過人的努力，才能成就巨富，並有餘錢進行投資。所以簡單來說，讀者需要緊記天下沒有免費午餐，財富管理公司的工作，是經過仔細計算並根據你（不是你的朋友、更不是你的客戶經理）的投資經驗、需要和風險接受能力，來管理你的積蓄，但他們只是協助你，不可能完全明白你的所需。

最後，也是最重要的，如果你忘記了自己的夢想或不敢做夢，我建議你在讀畢此書之後、在執行下一個投資決定之前，先從定立自己的人生目標和探索個人夢想開始！

投資者入門資訊

投資者及理財教育委員會

www.ifec.org.hk

 投資者及理財教育委員
會（投委會）於2012年成
立，是專責提升香港市
民理財知識和能力的公
營機構，並獲4家金融
監管機構及教育局支持。

香港積金局

mfp.mpfa.org.hk

基金分析工具

Morningstar（晨星）

www.hk.morningstar.com

晨星為國際權威基金
評級機構，網站提
供專業的股票、互惠
基金、交易所買賣基
金、對沖基金等數據
和分析工具。

理財及投資市場資訊

國際貨幣基金組織
《世界經濟展望》

www.imf.org/en/Publications/
WEO

國際貨幣基金組織會
定期出版和更新《世
界經濟展望》，從全球
層面、主要國家和其
他單一地區的經濟發
展作出分析和預測。

其他財經傳媒網站

信報財經新聞

www2.hkej.com/landing/index

華爾街日報

www.wsj.com

經濟學人

www.economist.com

彭博

www.bloomberg.com/asia

李財有導

散戶煉金術　創富無難度

作者　　　　李錦榮
編輯　　　　吳家儀、蔡廷暉
責任編輯　　吳桂生
設計　　　　Pollux Kwok
出版經理　　李海潮、關詠賢
封面攝影　　Ben Tam
圖片　　　　李錦榮、iStock

出版　　　　信報出版社有限公司　HKEJ Publishing Limited
　　　　　　香港九龍觀塘勵業街11號聯僑廣場地下
　　　　　　電話 (852) 2856 7567　傳真 (852) 2579 1912
　　　　　　電郵 books@hkej.com

發行　　　　春華發行代理有限公司　Spring Sino Limited
　　　　　　香港九龍觀塘海濱道171號申新証券大廈8樓
　　　　　　電話 (852) 2775 0388　傳真 (852) 2690 3898
　　　　　　電郵 admin@springsino.com.hk

　　　　　　台灣地區總經銷商
　　　　　　永盈出版行銷有限公司
　　　　　　台灣新北市新店區中正路499號4樓
　　　　　　電話 (886)2 2218 0701　傳真 (886)2 2218 0704

承印　　　　美雅印刷製本有限公司
　　　　　　九龍觀塘榮業街6號海濱工業大廈4字樓A室

出版日期　　2021年6月初版
國際書號　　978-988-75277-3-2
定價　　　　港幣168　新台幣840
圖書分類　　投資理財